Imam Ali und der wahre Islam

Dr. Markus Fiedler:

Imam Ali
und der wahre Islam

Verlag Traugott Bautz

Bibliographische Information der Deutschen Bibliothek:
Die Deutsche Bibliothek verzeichnet diese Publikation in der Deutschen Nationalbiographie; detaillierte bibliographische Daten sind im Internet unter http://dnb.ddb.de abrufbar.

Bild auf dem Front Cover: Eine verbreitete Darstellung von Imam Ali.

Verlag Traugott Bautz GmbH 99734 Nordhausen 2020
ISBN: 978-3-95948-483-1

„Bedenkt, dass der Islam eine Mission des Friedens und der Liebe ist“ (Imam Ali)

„Oh Ali, da ist eine Ähnlichkeit zwischen dir und Jesus, dem Sohn der Maria...“ (Der Prophet Muhammad)

„Das, was er sagte und tat, erinnert stark an das, was Jesus Christus predigte“ (Dr. Antoine Bara)

Inhaltsverzeichnis

Einführung

Betrachtet man heutzutage die islamische Welt, so wird schnell deutlich, dass es sich bei „dem Islam" um alles andere als einen monolithischen Block handelt, vielmehr sind verschiedene Interpretationen der heiligen Schrift des Islam und der Sunna des Propheten anzutreffen. Angesichts der unterschiedlichen Strömungen stellt sich die Frage nach dem *wahren Islam* – es geht um die Frage, ob man einen ursprünglichen bzw. „wahren Islam" herausarbeiten kann, den man gegen andere Interpretationen oder Verfälschungen abgrenzen kann. Diese Frage kann man durchaus als eine der bedeutendsten Fragen in der Debatte über „den Islam" bezeichnen. Jede Interpretation der Religion berührt dieses Thema. Eng verbunden mit der Suche nach dem „wahren Islam" erscheint der Versuch einer Rückkehr zu den unverfälschten Ursprüngen dieser Religion.

Das Bild des Islams im Westen hat sich nicht erst seit dem Auftreten des „Islamischen Staates" (IS, vorher ISIS) im Westen verdüstert – diese Religion wird häufig mit Extremismus, Gewaltexzessen und Terrorismus in Verbindung gebracht. Gerade Salafisten[1] bzw. Wahhabiten[2], die aufgrund ihres extremistischen Auftretens zu diesem Bild nicht unerheblich beigetragen haben, geben noch dazu vor, sich auf „den wahren Islam" stützen zu können und den *Salaf*[3] nachzueifern. Es wird von ihnen allerdings nicht zur Kenntnis genommen, dass es gerade auch in der Frühzeit des Islams unter den Gefährten des Propheten auch heftige Differenzen in Bezug auf die politische und geistige Führung der *Umma* gab.

---

[1] Der Salafismus ist eine islamische Strömung, die die Ansicht vertritt, dass der wahre, unverfälschte Islam in der Zeit vom siebenten bis zum neunten Jahrhundert praktiziert worden sei, ohne jedoch die unterschiedlichen Auffassungen in dieser Zeit wahrzunehmen.

[2] Die v.a. in Saudi-Arabien anzutreffenden Wahhabiten sind Anhänger einer streng puritanischen Strömung des sunnitischen Islam, die sich auf die Lehren Abd al-Wahhabs (1702-1792) berufen. Sie lehnen insbesondere Heiligenverehrung, Wallfahrten zu Gräbern oder z.B. auch die Feier des Prophetengeburtstags als unislamisch ab. Sie beanspruchen, die authentische Lehre zu vertreten und bezeichnen Muslime mit anderen Ansichten auch als „Ungläubige". So gelten Schiiten für die Wahhabiten als Ketzer und einige wahhabitische Gelehrte befürworten sogar die Todesstrafe für Schiiten. (vgl. Fiedler, Die Schia im Islam 2016, S. 12 f.)

[3] Die *Salaf* sind die „rechtschaffenen Altvorderen", denen die Salafisten nachzueifern vorgeben.

In diesem Buch („Imam Ali und der wahre Islam") soll verdeutlicht werden, dass - im Gegensatz zu den Behauptungen der Salafisten - im Islam bereits zu den Zeiten des Propheten Muhammad zwei unterschiedliche Linien existierten: Der „wahre Islam" des Propheten Muhammad und von Imam Ali stand dem der reichen Quraish gegenüber. Die Propheten brachten den Menschen nach koranischem Verständnis eine Offenbarung von Gott, durch die es den Menschen ermöglicht wird, die Wahrheit zu erkennen und das Paradies zu erlangen. In diesem Sinne richtet sich die islamische Botschaft an alle Menschen, ganz gleich wie viel jemand besitzt, welche Rasse oder Nationalität er (oder sie) angehört (individuelle Komponente). Die Propheten sind allerdings dem Koran zufolge auch gesandt worden, um der Gerechtigkeit auf der Erde zum Durchbruch zu verhelfen (kollektive Komponente).[4]

Im letzteren Sinne wird der Islam – wie wir sehen werden – von zahlreichen Anhängern Alis (der islamischen Befreiungstheologie) auch als eine revolutionäre Bewegung für die Unterdrückten und Ausgebeuteten sowie für ihre Rechte verstanden. In diesem Buch wird diese Sichtweise zu verdeutlichen versucht. Dabei kann man sich darauf berufen, dass der Prophet Muhammad nicht zuletzt die sozial Benachteiligten (wie z.B. Sklaven wie Bilal, dem ersten Gebetsrufer des Islam) um sich versammelte. Nach diesem Verständnis war der Islam im Sinne von Muhammad und Ali somit ursprünglich eine revolutionäre Bewegung, die dann aber durch opportunistische Elemente, die sich wieder durch Macht und Reichtum verführen ließen, korrumpiert wurde.

Es soll aufgezeigt werden, wie Imam Ali dagegen – in Anlehnung an den Staat des Propheten Muhammads - während seines Kalifats die soziale Gerechtigkeit gegen manchen Widerstand wiederherzustellen versuchte. Dies tangierte jedoch die Interessen der Profiteure der sozialen Ungerechtigkeit, was letztlich zu Aufständen und zu seinem Sturz führte.

Dieser „wahre Islam" und seine Positionen sollen in diesem Buch ausführlich dargestellt werden. Es soll verdeutlicht werden, dass der *wahre Islam* eine moderate Religion bzw. die „Religion des mittleren Weges" ist – in Abgrenzung zu jeder Form von Extremismus und Terrorismus. Es wird z.B. deutlich werden, dass Imam Ali Angriffskriege verbot. Weiterhin soll auch dargestellt werden, dass der „wahre Islam" eine progressive Rolle gespielt hat und auch heutzutage spielen kann, der für die Rechte der Unterdrückten und

[4] Vgl. Koran 57:25

Ausgebeuteten eintritt, indem er eine sozial gerechte Gesellschaft fordert. Daraus ergibt sich sicherlich ein ganz anderes Bild als das, was viele Menschen von dieser Religion haben, indem sie den Islam als eine rückständige und mittelalterliche Religion betrachten, die zur Legitimierung der Herrschaft einiger Könige und Emire und ihres ausschweifenden Lebens benutzt wird. Deshalb soll auch dargestellt werden, wie der Islam nach dem Sturz Imam Alis und der Machtergreifung Muawijas verfälscht wurde und zu einer Religion der Reichen und Mächtigen, die z.B. dem Machterhalt gewisser Familien dient, umfunktioniert wurde.
Im ersten Teil werden zunächst die sozialen Verhältnisse in Mekka vor dem Erscheinen des Islam beleuchtet. Diese Analyse ist bedeutsam für eine Interpretation des Islams als eine revolutionäre Bewegung, die unter dem Propheten Mohammed nicht zuletzt die sozial Benachteiligten um sich sammelte, dann aber durch opportunistische Elemente korrumpiert wird, die sich wieder durch Macht und Reichtum verführen ließen.

Im zweiten Teil erfolgt danach ein kurzer biographischer Abriss des Lebens von Imam Ali. Dabei soll verdeutlicht werden, welche Rolle er in der Frühzeit des Islams spielte und ob er tatsächlich zum Nachfolger des Propheten bestimmt wurde. Es ist dabei auch darauf einzugehen, wie er – in Anlehnung an den Staat des Propheten Mohammed - während seines Kalifats die soziale Gerechtigkeit gegen manchen Widerstand wiederherzustellen versuchte, was letztlich aber zu Aufständen und zu seinem Sturz führte. Im dritten Teil wird danach auf die Entwicklung des Islams nach dem Tod Imam Alis eingegangen. Es soll auch auf die Verfälschung des *wahren Islam* eingegangen werden und wie der Islam zu einer Religion der Reichen und Mächtigen wurde. Im vierten Teil soll auf die religiösen und politischen Vorstellungen Ali ibn Abi Talibs eingegangen werden, die von den falschen Traditionen abgegrenzt werden. Dabei soll das Potential des wahren Islam für die heutige Zeit aufgezeigt werden. Die Ergebnisse werden in einer Schlussbetrachtung zusammengefasst.

I. Die ökonomischen und sozialen Verhältnisse in Mekka vor dem Auftreten des Islam

Aufgrund der Unsicherheit und der Gefahren des Lebens in der lebensfeindlichen Umgebung des Hedschas[5] kam dem Stamm eine bedeutende Rolle zu. Da ein Einzelner in dieser Umwelt nur schwer überleben konnte, bildeten sich durch die Blutsverwandtschaft verbundene Gruppen, die Stämme, die meist aus mehreren Familienverbänden bestanden. Nur der starke Zusammenhalt in der Gruppe konnte das Überleben des Einzelnen garantieren. Dies förderte den Gemeinschaftssinn, legte eine gerechte Verteilung der vorhandenen Güter unter den Stammesangehörigen nahe und förderte egalitäre Tendenzen. Der Stamm bot seinen Mitgliedern auch Schutz vor den Übergriffen anderer Individuen oder Stämme, wobei das Prinzip der Blutrache galt: Wenn ein Mitglied eines Stammes getötet wurde, war der nächste Angehörige verpflichtet, den Tod dieser Person zu rächen.

Die Stadt Mekka liegt zwischen zwei Bergketten in einen wüstenähnlichen Gebiet zwischen der Küstenebene und dem Hochland, ca. 90 km vom Roten Meer entfernt. Durch ihre besondere Lage wurde sie schon bald zu einem wichtigen Zentrum des Handels. Die Stadt lag an der Schnittstelle zweier wichtiger Handelsstraßen, der *Hidjas*- und der *Najd*-Route. An diesem sicheren Ort konnten die umliegenden Stämme ihre Gewürze und anderen Handelswaren sicher tauschen. Die Stadt Mekka entwickelte sich so zu einem bedeutenden Handelszentrum und zu einer Karawanenstadt.

Der Stamm der Quraish siedelte sich Ende des 5. Jahrhunderts n. Chr. in Mekka an. Nach einiger Zeit gelang es ihm, den Stamm der Chuza, der bis dahin als der Hüter des Heiligtums der Kaaba galt, zu entmachten, zu vertreiben und die Herrschaft über die Stadt zu übernehmen. Sie stiegen rasch zu einem der mächtigsten Stämme auf der Arabischen Halbinsel auf. Die Quraish betrieben Handel, wobei sie das kaufmännische Gewerbe mit der Kamelzucht verbanden. Durch die Kamelzucht war man in der Lage, den Handel mit teuren Waren (wie Gewürze oder Sklaven) überhaupt erst durchzuführen; und letztlich wurde dieser monopolisiert.

Weiterhin lockte das sich in der Stadt befindende Heiligtum der Kaaba jedes Jahr zahlreiche Araber nach Mekka, was einen äußerst günstigen Einfluss auf den Handel hatte. Um die Kaaba herum waren etwa 360

[5] Der heutige Westen Saudi-Arabiens mit den Städten Mekka und Medina.

Götzenfiguren aufgestellt. Die zentralarabischen Stämme begaben sich jährlich auf eine Wallfahrt nach Mekka. Für jede Gottheit der Stämme aus der Umgebung soll es in Mekka ein Bildnis oder eine Figur gegeben haben. In der Zeit, als Ali geboren wurde, hatten Reichtum und Macht des herrschenden Stamm der Quraish stark zugenommen. Entgegen den Stammesgepflogenheiten, in denen ein aufgehäufter Reichtum gleichmäßig geteilt wurde, bildeten sich nun größere individuelle Vermögen in den Händen der reichen Kaufleute. Um die hilfsbedürftigen Stammesmitglieder kümmerte man sich kaum noch, die alte Stammessolidarität zerbrach. Am Anfang des 7. Jahrhunderts "waren sie so reich, wie sie es sich selbst in den kühnsten Träumen ihres Nomadenlebens nicht hätten vorstellen können ... Geld gewann für sie einen quasi-religiösen Wert ... Selbstverständlich waren die reichen Kaufleute von dem neuen System begeistert. Aggressiv sammelten sie mit nahezu religiösem Eifer immer mehr Kapital an. Knapp zwei Generationen von der Not des Nomadenlebens entfernt, sahen sie ihr Heil in Geld und materiellen Gütern und wollten davon soviel, wie sie bekommen konnten."[6] Die Tendenz zu einer gerechten Güterverteilung im Stamm und der stammesmäßige Egalitarismus wurden in der Sozialordnung von Mekka jedenfalls mehr und mehr verdrängt. Es wurden „Klassenunterschiede sichtbar ... Die Reichen wurden reicher, während viele andere, ehemalige Haussklaven, Witwen und Waisen und Menschen, die aus irgendeinem Grund keine Vorräte oder Tauschwaren hatten, zu verarmen begannen. Eine härtere, mehr individualistisch ausgerichtete Gesellschaft begann sich zu formen. Für die Wohlhabenderen, Aufstrebenden war die Bandbreite sozialer und kultureller Möglichkeiten größer als je zuvor. Für die Armen oder die von der Verelendung Bedrohten hörte die Stammesgesellschaft auf, grundsätzliche soziale Sicherheit zu gewährleisten.“[7] Für Karen Armstrong erschien der Islam in Mekka „in einer Atmosphäre des rücksichtslosen Kapitalismus und der Hochfinanz.“[8] Die Analyse der sozialen Verhältnisse in Mekka vor dem Auftreten des Islam und die Veränderungen durch den Propheten Muhammad und die ihm folgenden Kalifen ist von eminenter Bedeutung für das Verständnis des ursprünglichen Islams und seiner Bestrebungen sowie das Handeln bzw. die Zielsetzungen der unterschiedlichen Strömungen innerhalb des Islam. Leider wird dieses zum Verständnis der

---

[6] Armstrong, Muhammad 1993, S. 85

[7] Ruthven, Seid Wächter der Erde 1997, S. 47

[8] Ebenda

Entwicklung der islamischen Religion bis zum heutigen Tage herausragende Thema allzu oft vernachlässigt bzw. überhaupt nicht berücksichtigt. Wie wir sehen werden, ist es besonders bedeutsam für eine Interpretation des Islams als eine revolutionäre Bewegung, die insbesondere auch die Unterdrückten und sozial Deklassierten ansprach, später allerdings durch opportunistische Elemente korrumpiert wurde, die sich wieder durch Macht und Reichtum verführen ließen. Der Schia zufolge versuchte Imam Ali dagegen – in Anlehnung an den Staat des Propheten Mohammed - während seines Kalifats die soziale Gerechtigkeit gegen deren Widerstand wieder herzustellen, was letztlich aber zu Aufständen und zu seinem Sturz führte.[9]

[9] Eine solche Interpretation findet man im Zuge der Islamischen Revolution im Iran, u.a. z.B. bei Shayk Hassan Said: „Vorwort“, zu den Reden Imam Alis über Staat und Gesellschaft, Hamburg IZH o.J, S. 3 ff.

II. Das Leben Ali ibn Abi Talibs
1. Im Hause Muhammads
1.1. Alis Geburt und seine Familie

Ali ibn Abi Talib wurde um das Jahr 598 n. Chr. in Mekka auf der Arabischen Halbinsel als der Sohn von *Fatima bint Asad* und *Abu Talib* geboren. Scheich *al-Mufid* gibt den „Freitag, den 13. Radschab .., dreißig Jahre nach dem Jahr des Elefanten“[10] als Geburtsdatum an. Das „Jahr des Elefanten“ wird in der islamischen Literatur als das Geburtsjahr des Propheten Mohammed angesehen[11], es entspricht dem Jahr 570 abendländischer Zeitrechnung. Das von Scheich al-Mufid angegebene Geburtsdatum (Freitag, den 13. Radschab im Jahre 23 Jahre vor der Hedschra) entspricht dem 29. Juli 599 n. Chr.. Die schiitische Tradition weiß weiterhin zu berichten, dass er der einzige Mensch ist, der in der Kaaba in Mekka geboren wurde: „Vor und nach ihm ist niemand im Hause Allahs (Baitullah) geboren worden außer ihm, (ein Zeichen) der Ehrung für ihn von Allah, Dem Erhabenen, sowie seiner Position, die in ihrer Größe gewürdigt wurde.“[12] Diesen Überlieferungen zufolge hielt sich Alis Mutter *Fatima* beim Einsetzen der Wehen in der Nähe der Kaaba auf und sah keinen anderen Ausweg, als an diesem heiligen Ort Zuflucht zu suchen. In anderen Schilderungen kommt die besondere Stellung Alis deutlich zum Ausdruck: Demnach hat sich die Tür der Kaaba für die in Andacht versunkene Mutter geöffnet, worauf diese eintrat und dort ihr Kind gebar.[13] Einer Beobachtung Abdulmutallibs, des Großvaters des Propheten Mohammed, zufolge soll sich Fatima bei Einsetzen der Wehen an die Mauer der Kaaba gelehnt haben, wodurch sich die Mauer wie ein Wunder öffnete und sie eintreten konnte. Beim Verlassen der Kaaba begegnete sie als Erstes den Propheten Mohammed, der dem Kind den Namen gab. Wieder anderen Überlieferungen zufolge hörte sie bei der Geburt den Namen Ali und nannte ihr Kind danach.[14]

Ali gehörte dem großen Stamm der Quraish in Mekka an, in dem sich beiden einflussreichen Sippen der Banu Haschim („Haschimiten“) und

---

[10] Scheich al-Mufid, Kitab Al-Irschad (Das Buch der Rechtleitung) 2006, S. 18. Der *Radschab* ist der siebte Monat im islamischen Mondkalender.

[11] Vgl. z.B. Ibn Ishaq, Das Leben des Propheten, S. 30

[12] Scheich al Mufid, Kitab Al-Irschad 2006, S. 18

[13] http://www.eslam.de/begriffe/i/imam_alis_geburt.htm

[14] Vgl. http://www.eslam.de/begriffe/f/fatima_bint_asad.htm

Banu Umaya („Umayyaden“) feindlich gegenüberstanden. Alis Vater *Abu Talib* wird zu dieser Zeit als Oberhaupt der - im Vergleich zu den Umayyaden - ärmeren Haschimiten-Sippe bezeichnet.[15] Das ist ein nicht unbedeutender Aspekt, da die Sippe dem Propheten Mohammed später - in der Zeit der Bedrängnis in Mekka, nachdem sich der Prophet mit seinen Offenbarungen an die Öffentlichkeit wandte - Schutz gewähren sollte. Der Clan der Haschimiten hat seinen Namen von Haschim ibn Abd Manaf, dem Urgroßvater des Propheten Mohammed. Zur Zeit Mohammeds bestand der Clan der Haschimiten aus Abd al-Muttalib, Haschims Sohn, und dessen Söhnen Hamza, al-Harith, Abu Lahab, Abdallah, Abu Talib und al-Abbas sowie deren Nachkommen. Nach dem Tod von Abd al-Muttalib, Alis Großvater, wurde Alis Vater Abu Talib das neue Oberhaupt der *Banu Haschim*. Der eigentliche Name von Abu Talib war Abd Manaf, er wurde jedoch meistens – nach seinem erstgeborenen Sohn Talib – mit der *Kunya* Abu Talib genannt.

Abu Talib war als Karawanenhändler tätig und unternahm Handelsreisen u.a. in das Gebiet des heutigen Syrien. Abu Talib hatte mit seiner Frau Fatima bint Asad vier Söhne, nämlich Talib, Aqil, Jafar und Ali, und zwei Töchter. Fatima bint Asad, die Mutter Alis, war die Tochter von Asad ibn Haschim, des Bruders von Abdulmutallib, der wiederum der Großvater des Propheten Mohammed war. Ihr Großvater, unter dessen Fürsorge sie aufwuchs, soll sich um die Kaaba in Mekka gekümmert haben. Sie nahm später den Islam an und gehörte zu den Auswanderern nach Medina.

1.2. Abu Talib adoptiert Muhammad

Im Alter von sechs Jahren war der im Jahr 570 n. Chr. geborene *Muhammad* nach dem Tod seiner Mutter bereits Vollwaise. Nachdem etwa zwei Jahre später auch noch sein Großvater gestorben war, wurde er von Alis Vater Abu Talib adoptiert. So wurde der spätere Prophet des Islams etwa 20 Jahre vor der Geburt Alis im Elternhaus Alis aufgenommen. Abu Talib hatte zu dieser Zeit bereits drei Söhne (Talib, Aqil und Jafar) und zwei Töchter. Von den Kindern Abu Talibs hatte Mohammed der Überlieferung zufolge besonders Jafar ins Herz geschlossen. Alis Mutter Fatima bint Asad scheint sich liebevoll um den Waisenknaben Mohammed gekümmert zu haben. Jedenfalls ist

---

[15] Vgl. Armstrong, S. 99. Gegenwärtig bezeichnet sich die jordanische Königsfamilie als “Haschimiten” und begründet ihren Herrschaftsanspruch mit der Abstammung aus der Sippe des Propheten.

ein Ausspruch Mohammeds überliefert, dass sie eher ihre eigenen Kinder Hunger erleiden ließ statt ihn.[16] Es wird berichtet, dass Mohammed seinen Onkel auf Handelsreisen nach Syrien begleitet haben soll. Auf einen dieser Reisen soll der Mönch Bahira außergewöhnliche Zeichen an dem Kind entdeckt haben und in ihm einen zukünftigen Propheten erkannt haben.[17]

Den Überlieferungen zufolge verarmte Abu Talib mit der Zeit und Muhammad soll sich daher früh genötigt gesehen haben, für sich selbst zu sorgen, was er durch das Hüten von Schafen und Ziegen tat.

1.3. Muhammad adoptiert Ali

Dem Bericht Ibn Ishaqs zufolge heiratete Muhammad im Alter von 25 Jahren die etwa 15 Jahre ältere reiche Kaufmannswitwe Chadidscha.[18] Etwa fünf Jahre nach dieser Eheschließung wurde dem Abu Talib ein weiterer Sohn - nämlich Ali - geboren.

Ali war etwa sechs Jahre alt, als er im Haus Muhammads und Chadidschas aufgenommen wurde.[19] Als Gründe für die Aufnahme Alis in die Familie Muhammads werden gewöhnlich die Entlastung seines einstigen Pflegevaters und die Dankbarkeit ihm gegenüber genannt. Abu Talib soll in dieser Zeit in ernste finanzielle Schwierigkeiten geraten sein, während Muhammad durch seine Heirat mit Chadidscha als wohlhabend galt.[20] Deshalb soll sich Muhammad bereit erklärt haben, den jungen Ali in sein Haus aufzunehmen. Der tatsächliche Grund ist nach schiitischer Überzeugung jedoch, dass der Prophet um die zukünftigen Ereignisse wusste und die Erziehung seines Nachfolgers selbst in die Hand nehmen wollte, um ihn auf seine zukünftige Rolle vorzubereiten. In der Zeit, als Ali im Haushalt des Propheten aufgenommen wurde, hatte Chadidscha einen Jungen mit dem Namen Abdallah geboren, der jedoch - wie der andere Sohn des Propheten, Qasim, - nach kurzer Zeit verstarb. So wuchs der junge Ali zusammen mit seinen vier Cousinen auf. Er war "etwa so alt wie Ruqayyah und Umm Kulthum, etwas jünger als Zaynab und etwas älter als Fatima."[21] Ali war nicht das einzige Pflegekind im Haus des

[16] Vgl. Lings, Muhammad 2000, S. 45

[17] Vgl. Ibn Ishaq, Das Leben des Propheten 1999, S. 36 ff.

[18] Vgl. ebenda, S. 38

[19] Vgl. http://www.eslam.de/begriffe/c/chadidscha.htm

[20] Vgl. Armstrong, Muhammad 1993, S. 104 f.

[21] Lings, Muhammad 2000, S. 59

Muhammads – bereits zuvor hatte Muhammad Zayd ibn Harith als seinen Pflegesohn angenommen. Im Haus Mohammeds und Chadidschas lebten zu dieser Zeit somit sechs Kinder. Ali scheint ein gutes Verhältnis zu allen Familienmitgliedern entwickelt zu haben. Doch bald sollten sich merkwürdige Vorkommnisse im Hause von Muhammad ereignen.

2. Der erste Muslim
2.1. Muhammads Berufung zum Propheten

Eine Reihe von wahren Träumen deuteten darauf hin, dass sich außergewöhnliche Ereignisse anbahnten. Muhammads spätere Frau Aisha hat dies nach einem Bericht Zuhris wie folgt geschildert: „Als Gott Muhammad ehren und sich der Menschen durch ihn erbarmen wollte, zeigte sich dessen Prophetschaft zuerst in seinen wahren Träumen, die im Schlaf stets wie der Anbruch des Morgens über ihn kamen. Auch ließ Gott ihn die Einsamkeit schätzen, und bald war ihm nichts mehr lieber, als allein zu sein.“[22]

Um das Jahr 610 begann Alis Pflegevater Muhammad immer öfters, die Einsamkeit und Abgeschiedenheit zu suchen und zu lieben, weshalb er sich zur Meditation immer wieder in die Abgeschiedenheit des nahe bei Mekka liegenden Berges Hira zurückzog.

Nach der schiitischen Überlieferung war Ali der einzige Mensch, dem es gestattet war, Mohammed bei seinen Wegen zu diesen Meditationen zu begleiten und ihn dort mit Lebensmitteln und Wasser zu versorgen. Während einer Meditation am Berg Hira zeigte sich dem überraschten Mohammed eines Tages ein gewaltiges Wesen, das ihn zunächst mit Angst und Schrecken erfüllte. Der Quran verweist in Sure 53,2 ff. wie folgt auf dieses Ereignis: „Euer Gefährte irrt nicht und wurde nicht getäuscht. Noch spricht er aus eigenem Antrieb. Er [der Quran, M.F.] ist nichts anderes als eine ihm geoffenbarte Offenbarung. Die ihn der überaus Mächtige gelehrt hat. Der überaus Weise. Aufrecht stand er da. Am höchsten Horizont. Dann näherte er sich und kam nahe. Bis auf zwei Bogen(schüsse) entfernt oder doch näher. Und offenbarte seinem Diener, was er zu offenbaren hatte.“ Dem Bericht *Ibn Ishaqs* zufolge ging dieser Erscheinung ein weiteres Ereignis voraus. Demnach hat Muhammad berichtet, dass sich ihm in der Höhle ein

[22] Ibn Ishaq, Das Leben des Propheten 1999, S. 45

Wesen genähert habe, „mit einem Tuch wie Brokat, worauf etwas geschrieben stand“. Das Wesen „sprach: ‚Lies!‘ ‚Ich kann nicht lesen‘ erwiderte ich. Da presste er das Tuch auf mich, so dass ich dachte es wäre mein Tod. Dann ließ er mich los und sagte wieder: ‚Lies!‘ ‚Ich kann nicht lesen‘, antwortete ich. Und wieder würgte er mich mit dem Tuch, dass ich dachte, ich müsste sterben. Und als er mich freigab, befahl er erneut: ‚Lies!‘ Und zum dritten Male antwortete ich: ‚Ich kann nicht lesen‘. Als er mich dann nochmals fast zu Tode würgte und mir wieder zu lesen befahl, fragte ich aus Angst, er könne es nochmals tun: ‚Was soll ich lesen?‘“[23] Danach erhielt Muhammad die erste Offenbarung des Qurans: „Lies! Im Namen deines Herren, Der erschuf – Erschuf den Menschen aus einem sich Anklammernden. Lies! Denn dein Herr ist gütig. Der durch die (Schreib-) Feder gelehrt hat – Den Menschen gelehrt hat, was er nicht wusste...“[24] Muhammad hatte den direkten Auftrag erhalten, der Prophet und Sendbote Allahs zu sein. Es soll nicht unerwähnt bleiben, dass der junge Ali nach der schiitischen Überlieferung während des Berufungserlebnisses nicht unweit der Höhle Hira weilte.[25] Nach der Schilderung *Ibn Ishaqs* eilte Muhammad nach der Erscheinung nach Hause und berichtete seiner Frau von seinem Erlebnis. Chadidscha schenkte ihrem Mann Glauben und wurde die erste Muslima. Muhammad und Chadidscha verrichteten das Gebet im Haus auf die Art und Weise, wie es die himmlische Erscheinung Muhammad gelehrt hatte.

2.2. Der Islam

Muhammads Offenbarungen forderten die Menschen immer wieder dazu auf über die Wunder der Welt und der Natur nachzudenken. So müssten sie doch erkennen, dass es einen Gott geben muss: „Siehe; in der Schöpfung von Himmel und Erde und in dem Wechsel von Nacht und Tag sind wahrlich Zeichen für die Verständigen; Die da Allahs gedenken im Stehen und Sitzen und Liegen und über die Schöpfung der Himmel und Erde nachdenken: ‚Unser Herr, Du hast dies nicht umsonst erschaffen! Preis sei Dir! Bewahre uns vor der Feuerspein! ... Unser Herr, vergib uns unsere Sünden und decke unsere Missetaten zu, und laß uns mit den Frommen hinscheiden.“ (Sure 3,190 ff.) Im Mittelpunkt der Verkündung Muhammads steht ein konsequenter

[23] Ebenda, S. 45 f.

[24] Sure 96, 1-5

[25] Vgl. http://www.eslam.de/begriffe/a/ali_ibn_abu_talib.htm, zuletzt abgerufen am 14.10.2019

Monotheismus - der Glaube an den einen barmherzigen Gott, der „der Schöpfer aller Dinge“ (Sure 59,22) ist. Der Mensch soll sich Gott zuwenden und ohne einen Mittler (wie einen Priester) um Vergebung für seine Sünden bitten. In Muhammads Offenbarungen kommt den beiden Gottesnamen *ar-Rahman* und *ar-Rahim* eine bedeutende Rolle zu. Der Begriff „rahim“ stellt eine Steigerung von „barmherzig“ dar, etwa im Sinne von „unendlich barmherzig“. Die Bezeichnung Gottes als „ar-Rahman“ stellt eine nochmalige Verstärkung dar, das Wort verweist auf den Grund der Barmherzigkeit, auf die unendliche Güte Gottes. Diese Begriffe wurden im arabischen Sprachgebrauch erst durch Muhammads Verkündigung mit Gott assoziiert, es wird berichtet das Muhammad insbesondere den Namen des „unendlich Guten“ besonders geschätzt hat.[26] Dem Koran zufolge hat Gott zu allen Zeiten und in allen Kulturen Gesandte berufen, um den Menschen die Wahrheit mitzuteilen und den richtigen Weg zu weisen: „Siehe, Wir haben Dir Offenbarung gegeben, wie Wir Noah Offenbarungen gaben und den Propheten nach ihm und wie Wir Abraham und Ismael und Isaak und Jakob und ihren Nachkommen und Jesus und Hiob und Jonas und Aaron und Salomo Offenbarung gaben. Und David gaben wir die Psalmen. Und von (einigen) Gesandten haben wir dir zuvor erzählt, und von den anderen Gesandten haben Wir dir nicht erzählt ...“ (Sure 4:164) Muhammad sah sich somit nicht als Gründer einer neuen Religion, er betrachtete es vielmehr als seine Aufgabe, den ursprünglichen Glauben an den Einen Gott in seiner reinen Form wiederherzustellen. Denn seinen Offenbarungen zufolge waren die Botschaften der Gesandten in der Vergangenheit immer erst nach einiger Zeit durch Menschenhand niedergeschrieben worden und auf diese Weise mit der Zeit verfälscht worden: „Herabgesandt hat er auf dich das Buch der Wahrheit, als Bestätigung dessen, was ihm vorausging. Und herabsandte er die Tora und das Evangelium zuvor als Leitung für die Menschen und sandte nun die Unterscheidung.“ (Koran 3:3 f.) Das Judentum und das Christentum sind demnach göttlichen Ursprungs, im Laufe der Zeit sollen sich aber dort Fehler eingeschlichen haben. Im Hinblick auf das Christentum wird die Trinitätslehre (Dreifaltigkeitslehre) und die Lehre von der Gottessohnschaft Jesu abgelehnt: „O ihr Leute der Schrift! Übertreibt nicht in eurer Religion und sprecht über Gott nur die Wahrheit. Der Messias Jesus, der Sohn der Maria, war ein Gesandter Gottes und Sein Wort, das Er Maria entbot, mit einer Seele geschaffen von Ihm. So glaubt an Gott und seinen Gesandten und

[26] Vgl. dazu Lings, Muhammad 2000, S. 70

sprecht nicht ‚Drei.' Lasst davon ab, das ist für euch besser. Gott ist nur einziger Gott. Er ist hoch darüber erhaben, dass er einen Sohn haben sollte.! Sein ist, was in den Himmeln und auf Erden ist. Und Gott genügt als Beschützer." (Sure 4,171) Muhammad selbst hat dabei immer wieder betont, dass er auch nur ein Mensch sei: „Sprich: ‚Ich bin nur ein Mensch wie ihr. Mir wurde geoffenbart, dass euer Gott ein einziger Gott ist. So geht auf ihn zu und bittet ihn um Verzeihung." (Sure 41,6) Muhammad sah sich als letzter einer langen Reihe von Gottesgesandten, als Siegel der Propheten. Ihm war es demnach vorbehalten, Wort für Wort festzuhalten, was ihm die göttliche Stimme vorträgt. Im Koran wird darauf hingewiesen, dass von nun an Gott selbst über die Schrift (den Koran) wachen wird, damit diese heilige Schrift vor Entstellungen bewahrt bleibt. Nachdem der reine Monotheismus (ohne Bilderverehrung usw.) auf diese Weise wiederhergestellt worden war, entfällt dieser Denkweise zufolge die Notwendigkeit der Entsendung eines neuen Gesandten.

2.3. Der junge Ali nimmt den Islam an

Bei den Sunniten wird gewöhnlich Abu Bakr als erster männlicher Muslim betrachtet. Es wird zwar nicht abgestritten, dass sich Ali vor Abu Bakr zum Islam bekannte, doch wird Ali zum Zeitpunkt seiner Annahme des Islams noch als Kind angesehen.[27] Wie man es nun betrachtet, Ali war jedenfalls nach dem Propheten und Chadidscha der dritte Mensch, der den Islam annahm. Wie es dazu kam, wird nun – den Überlieferungen folgend – kurz dargestellt.

Muhammad und Chadidscha verrichteten das Gebet im Haus auf die Art und Weise, wie es die himmlische Erscheinung Muhammad gelehrt hatte. Eines Tages entdeckte Ali zufällig das Geheimnis seiner Pflegeeltern – er überraschte Mohammed und Chadidscha beim Gebet. Als sich dies ereignete, war der junge Ali etwa 10 Jahre alt: „Zu der Zeit war er nach einigen Aussagen sieben Jahre alt, nach anderen Aussagen neun, aber nach Auffassung der meisten war er zehn."[28] In der Tradition wird die hohe intellektuelle Begabung und Weisheit bereits in der Kindheit hervorgehoben: „Die Vollkommenheit seines Intellekts, und seine Erkenntnis über Allah und seinen Gesandten, die er erlangt hatte, waren ein strahlendes Zeichen von Allah, das jegliches Normalmaß (für einen Jungen dieses Alters)

[27] Vgl. Newid, Der schiitische Islam in Bildern 2006, S. 14, Anmerkung 9.

[28] Scheich Al-Mufid, Kitab Al-Irschad 2006, S. 217

übersteig ..."[29] Muhammad erklärte dem jungen Knaben, dass sie nicht die in der Kaaba aufgestellten Götzenbilder verehrten, sondern zu dem einen Gott beteten, der alle Dinge erschaffen hat und der nicht abgebildet werden darf. Ali nahm den Islam an und betete mit Muhammad und Chadidscha, es war das erste gemeinschaftliche Ritualgebet in der Geschichte des Islam. Auch Abu Talib blieben die religiösen Praktiken der ersten Muslime mit der Zeit nicht verborgen. Abdallāh ibn Abi Nadjih überlieferte Folgendes: „Ein kundiger Überlieferer berichtete, dass der Prophet, wenn die Zeit des Gebets nahte, in die Schluchten außerhalb Mekkas hinausging, wobei ihn Alī, ohne Wissen seines Vaters, seiner Oheime und seiner übrigen Familie, begleitete. Sie verrichteten dort ihre Gebete und kehrten bei Anbruch der Nacht nach Hause zurück. So blieb es eine gewisse Zeit, bis Alīs Vater Abū Tālib eines Tages die beiden zufällig beim Gebet überraschte und den Prophet fragte: „Was ist das für eine Religion, die ich dich hier ausüben sehe?" „Oheim", erwiderte da Muhammad, „dies ist die Religion des Gottes, die Religion seiner Engel, die Religion seiner Propheten und die Religion unseres Stammvaters Abraham. Mit ihr hat mich Gott als Propheten zu den Menschen gesandt und du bist von allen am würdigsten, meinen Rat zu erhalten, meine Einladung für den rechten Weg zu empfangen, mir Folge zu leisten und mir beizustehen."[30] Alis Vater hatte jedenfalls nichts dagegen, dass sich seine beiden Söhne Jafar und Ali zum Islam bekannten, obwohl es umstritten ist, ob er selbst den Islam angenommen hatte, worauf wir später noch etwas näher eingehen wollen.

2.4. Ali wird zum ersten Mal als Nachfolger des Propheten vorgestellt

Bereits am Anfang der prophetischen Mission Muhammads gibt es ein bedeutendes Ereignis, bei dem der Prophet der Schia zufolge seinen Nachfolger und Treuhänder bestimmt hat. Der Gesandte Allahs sollte nach der göttlichen Offenbarung seine Verwandten zum Islam einladen. Diesen Auftrag kann man in Sure 26:214 des Korans finden, wo es heißt: „Und warne deine deine Familie, deine nächsten Verwandten..."

Der Prophet lud seine Verwandten daraufhin zu einem Mahl ein, bei dem er sein Geheimnis zu enthüllen und sie zur himmlischen Religion

---

[29] Ebenda

[30] Ebenda

zu rufen gedachte. Der Überlieferung nach bat er den zu dieser Zeit etwa 13 Jahre alten Ali, ihm bei der Zubereitung dieses Essens zu helfen. Nach dem berühmten Hadith *Da'wat al-Asira* sprach der Prophet nach dem Essen wie folgt zu seinen Verwandten: >>>Mir ist niemand bekannt, der für seine Gemeinschaft jemals etwas Besseres gebracht hätte, als was ich euch gebracht habe. Gott gab mir den Befehl, Euch zu Seinem Glauben zu rufen. Also, wer ist nun unter Euch, der mir dabei hilft und mein Bruder, Treuhänder (Wasi) und Nachfolger (Kalifa) sein wird?< Alle schwiegen, doch Ali – obwohl er Jüngste von allen war – ergriff das Wort: >Ich werde dein Verwalter (Wazir) und Gefährte sein.< Danach legte der Prophet seine Hand um seine Schulter und sprach: >Dies ist mein Bruder, Treuhänder und Kalif. Ihm müsst ihr gehorchen.< Die Versammlung entfernte sich lachend und sagte zu Abu Talib: >Muhammad hat Dir befohlen, Deinem Sohn zu gehorchen!<<[31] Der Prophet hat diesem Hadith zufolge deutlich erklärt, dass derjenige, der seinem Ruf (Dawa) als Erstes Folge leistet, sein Nachfolger und Treuhänder sein wird. Ali folgte dem Ruf und der Gesandte Allahs akzeptierte seinen Glauben und sein Versprechen. Für die Schiiten ist dieser Hadith der erste in einer ganzen Kette von Hadithen, die den rechtmäßigen Anspruch Alis auf das Kalifat verdeutlichen. Es soll nicht unerwähnt bleiben, dass diese Überlieferung auch in von Sunniten akzeptierten Werken erscheint[32], ohne dass daraus dieselben Konsequenzen gezogen werden, wie dies bei den Schiiten erfolgt, obwohl der Inhalt der Überlieferung dies doch nahezulegen scheint. Von schiitischer Seite wird dagegen gefragt, ob jemand, den ein Prophet auf diese Weise vorgestellt hat, wieder von seinem Auftrag entbunden werden kann.[33] Weiterhin erscheint es für die Schia nur logisch, dass ein auf dieser Weise vorgestellter Nachfolger eine herausgehobene Position genießt. Dies führte dazu, dass sich bereits zu Lebzeiten Gefährten um ihn sammelten, die ihn eifrig unterstützten. Zu ihnen gehörten u.a. Abu Dharr, Salman, Ammar und Miqdat. Die Gefolgschaft – die Keimzelle der *Schiat Ali* - war sich sicher gewesen, dass Ali im Falle eines Ablebens des Propheten sowohl die religiöse als auch die politische Führung des Staates zustand. Doch eine herausgehobene Stellung schafft nicht nur Freunde, sondern auch Neider und Feinde.

---

[31] Tarih Abi l-Fida, d. 1, S. 116

[32] Vgl. Tabari, Tarikh ar-Rusul wa'l Muluk 1171, vgl. auch Martin Lings, Muhammad, S. 76

[33] Vgl. Tabatabai, Die Schia im Islam, S. 26

3. Die Zeit der Verfolgung
3.1. Muhammad tritt an die Öffentlichkeit
3.2. Ein Jahr der Trauer und die Kontroverse um die Religion Abu Talibs

Das Jahr 619 wurde für den Propheten und Ali zu einem Jahr der Trauer – es wurde auch ein Jahr, das für die junge muslimische Gemeinde große Veränderungen mit sich brachte. Zunächst starb Mohammeds Frau *Chadidscha,* die für Ali zu einer guten Pflegemutter geworden war, im Alter von 58 Jahren. Nur wenig später starb sein leiblicher Vater *Abu Talib,* was auch für den Propheten des Islam Konsequenzen hatte. Als Stammesführer konnte *Abu Talib* dem Propheten einen gewissen Schutz gewährleisten. Mohammed sah sich daher in Mekka zwar mit Spott und Verachtung konfrontiert, sein Leben war allerdings nicht unmittelbar bedroht. Vielen seiner schutzlosen Anhänger erging es da anders: Der Neger *Bilal* etwa wurde in der Sonne mit einer schweren Last belegt und festgebunden und die Greisin *Sumajah* mit Speeren getötet.

Es ist umstritten, ob Abu Talib als Muslim starb oder nicht. Ein zentraler Punkt ist bei dieser Kontroverse die Frage, ob Abu Talib seinem Neffen Mohammed nur deshalb Schutz gewährte, weil er der Sohn seines Bruders war, oder ob dieser Einsatz ein Resultat seines Glaubens an die islamische Lehre war.

Aus schiitischer Sicht sind die behaupteten familiären Motive Abu Talibs Geschichtsfälschungen späterer Kalifen, wie z.B. von Muawiya, der das Kalifat widerrechtlich an sich gerissen hatte, und nun beabsichtigte, den Vater des von ihm entmachteten Kalifen Ali_zu diskreditieren.[34] Dabei wird darauf aufmerksam gemacht, wie weit Abu Talib beim Schutz und bei der Verteidigung des Propheten ging. So war er bspw. bereit, selbst zur Waffe zu greifen und auch seinen Sohn für Mohammed zu opfern, was gegen die angeführten primär familiären Motive beim Schutz Mohammeds spricht. Seine uneingeschränkte Parteinahme für den Propheten auch in den heikelsten Situationen und der Umstand, dass er seiner Frau, seinem Sohn Jafar und seinem Bruder Hamza das Ritualgebet nahelegte, lassen darauf schließen, dass die islamische Religion für Abu Talib eine größere Bedeutung hatte.

Nach einigen Berichten hat er vor seinem Tod das islamische Glaubensbekenntnis, die Schahada („*Aschadu an la-ilaha-ill-allah wa*

---

[34] Vgl. http://www.eslam.de/begriffe/a/abu_talib.htm, zuletzt abgerufen am 20.10.2019

aschhadu anna muhammadan rasulullah", „*Ich bezeuge, dass es keinen Gott außer Allah gibt und dass Muhammad der Gesandte Allahs ist"*), gesprochen.E[35]
Dagegen hat der Prophet Abu Talib nach sunnitischer Auffassung noch am Sterbebett gebeten, die *Schahada* (das islamische Glaubensbekenntnis) zu sprechen, was dieser jedoch abgelehnt habe. Man stützt sich dabei auf folgende Überlieferung bei *Bukhari* seinem *Sahih* (Bukhari, Kapitel: 71, Nummer: 84) wie folgt: >>Abbas Ibn 'Abdu-l-Muttalib berichtete: >Ich sagte: »O Gesandter Allahs, ob du etwas Nützliches für Abu Talib machen könntest? Denn er umgab dich mit seinem Schutz und reagierte zornig mit den anderen wegen dir!«Der Prophet sagte: »Ja! Er ist in einer flachen Stelle im Höllenfeuer. Wäre es nicht wegen mir, so wäre er in der tiefsten Tiefe im Höllenfeuer.« <<<
Es ist überliefert, dass der Prophet beim Tod Abu Talibs tiefe Trauer empfand und um Vergebung für seine Sünden betete. Ali erhielt vom Propheten den Auftrag, die rituelle Ganzkörperwaschung durchzuführen, den Leichnam in ein Leichentuch zu wickeln und zu begraben.
Die Nachfolge Albu Talibs als Oberhaupt der Banu Haschim trat ausgerechnet Abu Lahab, einer der schlimmsten Feinde des Islams, an. Dies ließ für die Zukunft nichts Gutes erwarten.

3.3. Die Situation in Mekka spitzt sich zu

Nach dem Tod Abu Talibs begann die Lage für Mohammed in Mekka langsam unhaltbar zu werden. Ibn Ishaq hat dies wie folgt geschildert: „Nachdem Abu Talib verschieden war, gingen die Quraish in ihren Kränkungen gegenüber dem Propheten so weit, wie sie es zu seinen Lebzeiten niemals zu tun gewagt hatten. Ein unverschämter Kerl aus der Reihe der Quraish streute dem Propheten sogar einmal Staub auf den Kopf. Hisham berichtete mir von seinem Vater Urwa ibn Zubair: Als dies geschah, ging der Prophet, den Staub noch auf dem Haupt, nach Hause, wo ihm eine seiner Töchter weinend den Staub abzuwaschen begann. Da sprach er: ‚Weine nicht, mein Töchterchen! Gott wird deinen Vater verteidigen!' Und er sagte auch: ‚Bevor Abu Talib starb, haben mir die Quraish derart Abscheuliches nicht angetan.'"[36]

---

[35] Ebenda

[36] Ebenda

3.4. Alis Rolle bei der Hedschra

Die Anfeindungen gegen den Propheten Mohammed wurden in seiner Heimatstadt Mekka so heftig, dass seine Position dort zunehmend unhaltbar wurde. Die Stammesführer der Quraish berieten sich und Abu Jahl schlug einen Plan vor, um das „Problem Mohammed“ (aus der Sicht der Quraish) ein für alle Mal zu lösen. Aus jeder Sippe sollte ein junger Mann ausgewählt werden, und sie alle zusammen sollten Mohammed gemeinsam überfallen. Dann sollte ein jeder von ihnen Mohammed eine tödliche Wunde beibringen, um so jede Sippe in das Attentat zu verwickeln und die Blutschuld auf alle Sippen zu verteilen. So wäre auch der Stamm der Banu Hashim isoliert; und dieser wäre nicht in der Lage gewesen, sich zu rächen. Der Plan ging offenbar davon aus, dass ihnen dann nichts weiter übrig geblieben wäre, als das Blutgeld zu akzeptieren.

Doch der Prophet erhielt eine Offenbarung zur Auswanderung (Hedschra). Der Überlieferung zufolge erschien der Engel Dschibril (Gabriel), der ein sofortiges Handeln und die Vorgehensweise mitteilte. Der Gesandte teilte einigen seiner Gefährten mit, dass er von Gott die Erlaubnis zur Auswanderung erhalten hatte, und sie besprachen den Plan, die Stadt in Richtung Yathrib zu verlassen. Um die Quraish zu täuschen, sollte Ali nachts den Schlafplatz des Propheten einnehmen, um ihnen zu suggerieren, der Gesandte sei noch im Haus. Ali sollte noch in Mekka bleiben, bis die in seinem Haus befindenden Wertsachen, die ihm auch von Ungläubigen anvertraut wurden, weil er als der Vertrauenswürdige (al-Amin) galt, wieder an ihre Besitzer ausgehändigt werden konnten. Der Überlieferung nach hat der Prophet folgende Worte zu Ali gesprochen: >>Schlafe du in meinem Bett und bedecke dich mit meinem grünen Hadrami-Mantel. Schlaf darin, und es wird dir durch sie kein Leid geschehen.<< Danach rezitierte er die Sure *Ya-Sin*: *"Und Wir legten eine Schranke vor sie und eine Schranke hinter sie, und wir verhüllten sie, so dass sie nichts sehen."* (Koran 36:9) So täuschte Ali den Verfolgern des Propheten während der *Hedschra* die Anwesenheit des Propheten in seinem Haus vor, indem er seinen Schlafplatz einnahm, und in dieser Zeit konnte der Prophet sicher entkommen.

4. Alis Rolle im Überlebenskampf des islamischen Staates

4.1. Muhammad und das Staatswesen von Medina

Der Prophet Muhammad wanderte in die Stadt Medina aus, die ihn auf- und den Islam annahm. Dort wurde der Prophet zum Führer eines Staates bzw. zum Staatsmann. Das mag für europäische und amerikanische Christen, die das Beispiel Jesu vor Augen haben, ungewöhnlich erscheinen, doch sollten sie sich daran erinnern, dass auch die alttestamentarischen Könige David oder Salomon sowohl als Propheten als auch als Staatsmänner fungierten.
Für einen gläubigen Muslim ist der vom Propheten Muḥammad in Medina gegründete Staat in gewisser Weise ein Idealstaat, dem es nachzueifern gilt. Dieses politische Gebilde wurde von einem durchaus modernen politischen Konzept des Staates geformt. Der Staat von Medina verfügte höchstwahrscheinlich als erster Staat der Welt über eine niedergeschriebene Verfassung (*ṣaḥīfah*), die das Zusammenleben von Muslimen und Nichtmuslimen regelte. Der indische Islam-Gelehrte Muhammad Hamidullah (gest. 2002) hat darauf hingewiesen, dass „die Verfassung dieses ersten muslimischen Staates - der aufgrund der Vielzahl der Völkerschaften die Form einer Konföderation annehmen musste - uns vollständig erhalten geblieben“[37] ist:

> „Wir finden darin nicht nur die Vorschrift ‚den Muslimen ihre Religion, den Juden ihre‘ oder ‚dass zwischen ihnen Wohlwollen und Gerechtigkeit herrsche‘, sondern auch diese, die wohl am wenigsten erwartet werden konnte: ‚Die Juden […] sind eine Gemeinschaft mit den Gläubigen (d.h. mit ihnen verbunden)‘, nach der Lesart des Ibn Hischām, und nach Abū ʿUḥaid: ‚eine Gemeinschaft (als Teil) der Gläubigen‘ (d.h. der Muslime). Die Tatsache, dass die selbständigen jüdischen Dörfer nach der Verfassung dieses Stadtstaates aus freien Stücken dem Bündnisstaat beitraten und Muḥammad als Obersten Herrscher anerkannten, bedeutet nach unserer Meinung, dass auch die nichtmuslimischen Untertanen im politischen Leben des Landes Stimmrecht bei der Wahl des Leiters des muslimischen Staates besaßen.“[38]

Als oberstes Prinzip in dieser Konföderation kann die

---

[37] Hamidullah, Muhammad: *Der Islam*, S 415.

[38] Ebenda, S 415 ff.

Rechtsautonomie angesehen werden: Die Muslime wurden nach der šarīʿa gerichtet, die Juden und Christen nach ihren heiligen Büchern. Das bedeutete in der Praxis, dass die Christen Schweinefleisch essen und Wein trinken durften und, im Unterschied zu den Muslimen, nicht dafür bestraft wurden.[39] Diese Tatsache wird in der Gegenwart von vielen Nichtmuslimen als überraschend aufgefasst, da die Intoleranz und das Treiben solcher Mörderbanden wie der ISIS-Gang mit dem Islam gleichgesetzt bzw. auf den Islam zurückgeführt wird. Der vom Propheten Muḥammad begründete Staat war somit wohl der erste auf dem modernen politischen Konzept des Pluralismus beruhende Staat in der Geschichte der Menschheit. Zum ersten Mal in der Geschichte wurde ein verfassungsmäßiges Dokument (die *ṣaḥīfah*) in dieser Form aufgezeichnet und von allen Parteien bestätigt.[40] Nichtmuslime mussten in dem Staat des Propheten zwar eine Kopfsteuer (*ǧizya*) zahlen, waren aber dafür vom Kriegsdienst und der Almosensteuer (*zakāh*) befreit.[41] Das politische Gebilde des prophetischen Staates wurde auf der Grundlage der Gleichheit aller Rassen, Völker und Hautfarben konstruiert. Diesbezüglich heißt es in einer Überlieferung wie folgt:

> „Hört zu und gehorcht, auch wenn der Verantwortliche über euch ein abessinischer Negersklave ist, dessen Kopf aussieht wie eine Rosine."[42]

Damit hat der Prophet verdeutlicht, dass die ethnische und soziale Herkunft der Menschen absolut kein Hindernis für den Aufstieg in dieser Gesellschaft bilden dürfen. Zu beachten ist hierbei vor allen, dass die Menschheit in ihrer langen Geschichte vorher kein System kannte, welches die Gleichheit der Menschen, unabhängig von Rassen, Völkern und Klassen, postulierte und garantierte. Der Islam begründet die Gleichheit aller Menschen auf die Tatsache, dass alle Menschen denselben Ursprung haben. Im Koran wird dies im Vers 13 der Sure *al-Ḥuǧurāt* verdeutlicht.

Unter den von den griechischen und römischen Zivilisationen beeinflussten Nationen und Völkern war dieses Prinzip der Gleichheit unbekannt, da beispielsweise Aristoteles die Auffassung vertrat, dass

---

[39] Vgl. Ramadan, Said: *Das islamische Recht*, S. 44.

[40] Al-Dawalibi, Maarouf: *Ad-Daulah wa as-Sultah fi al-Islam,* S. 54-56.

[41] Nichtmuslime hatten sogar Anspruch auf die Almosensteuer, wenn ihre finanzielle Situation dies erforderte.

[42] An-Nawawi: *Auszüge aus Riyadus Salihin*, S. 256 (Hadith 666).

die Menschheit in zwei Gruppen, nämlich in Herren und Sklaven, aufgeteilt wären. Somit waren die Griechen die Herren, die Gott mit einem Verstand und einem Willen ausgerüstet hatte. Die Barbaren hingegen waren Sklaven, die Gott mit physischer Kraft ausgestattet und in den Dienst der Griechen gestellt hatte.[43] Im Gegensatz dazu verkündete der Prophet Muḥammad Folgendes:

> „Kein Araber ist einem Nicht-Araber überlegen, und kein Nicht-Araber ist einem Araber überlegen, kein roter Mann ist einem schwarzen Mann überlegen, außer durch seine Gottesachtsamkeit."[44]

Der Islam hat demnach alle Menschen gleichgestellt, um allerlei Unterschiede zwischen einem Araber und einem Nicht-Araber bzw. zwischen einem Weißen und einem Schwarzen auszuräumen. In der Praxis förderte der Prophet die Gleichheit, indem er beispielsweise ehemalige Sklaven, wie Zaid und dessen Sohn Usāma, mit staatlichen Führungsaufgaben beauftragte. Den Letzteren beauftragte der Prophet kurze Zeit vor seinem Ableben damit, die muslimische Armee gegen die Byzantiner zu führen. Das Festhalten der *Saḥāba* (Prophetengefährten) an den Prinzipien der Gleichheit erreichte in der Folge eine sehr hohe Stufe.

Der Maßstab, an dem der Charakter eines Muslims gemessen wird, sind dem Islam zufolge die Gottesachtsamkeit (*taqwā*) sowie seine rechtschaffenen Taten. Jeder, der diesen Maßstäben gerecht wird, ist dem Islam zufolge für Führungspositionen qualifiziert, selbst wenn er ein früherer Sklave, gedemütigt oder arm war.

4.2. Die Schlacht von Badr

Auch als Staatsoberhaupt von Medina blieben die Quraish in Mekka dem Propheten feindlich gesinnt. In Mekka war es den Muslimen noch nicht erlaubt gewesen, sich kämpfend zu verteidigen. Sie ertrugen alle Demütigungen und Verfolgungen standhaft. Das änderte sich in Medina. Nun wurde ihnen durch folgende Verse die Erlaubnis zum Kampf erteilt:

„Erlaubnis [zum Kampf] ist denjenigen gegeben, die bekämpft werden, weil ihnen ja Unrecht zugefügt wurde – und Allah hat wahrlich die Macht, ihnen zu helfen -, [ihnen], die zu Unrecht aus

---

[43] Aristoteles: *Nikomachische Ethik*, S. 48-76.

[44] Überliefert von Imam Ahmad ibn Hanbal; ein *hasan*-Hadith.

ihren Wohnstätten vertrieben wurden, nur weil sie sagen: Unser Herr ist Allah. ...“ (Quran 22:39-40)

Nach übereinstimmenden Quellen von Sunniten und Schiiten wird Ali ein bedeutender Anteil am Sieg in der ersten Schlacht von *Badr* zugeschrieben. Die Muslime wurden von den Quraish zunächst zu Einzelkämpfen aufgefordert, wobei Ali vom Propheten als einer der ersten Muslime als Kämpfer benannt wurde. Ali ibn Haschim überlieferte unter Berufung auf Ubaidullah ibn Abu Rafi folgenden Ablauf des Geschehens: „Als die Leute am Morgen von Badr erwachten, formierten sich die Quraish,und Utba ibn Rabi'a, sein Bruder Schaiba und sein Sohn al-Walid waren an ihrer vordersten Front. Utba rief dem Gesandten Allahs zu: 'Muhammad, lasse uns Gleichwertige von den Quraish gegen uns antreten' Drei der jungen Männer von den Ansar traten vor. 'Wer seid ihr?', fragte Utba. Sie gaben ihm ihre Abstammung an. 'Wir brauchen nicht gegen euch zu kämpfen', sagte er, 'wir wollten (gegen) die Söhne unseres Onkels (kämpfen).' 'Geht zurück auf eure Stellungen', sagte der Gesandte Allahs zu den Ansar. Dann sagte er: 'O Ali, steh auf. Hamza, steh auf, Ubaida, steh auf. Kämpft für eure Wahrheit, mit der Allah euren Propheten gesandt hat, da sie mit ihrer Unwahrheit gekommen sind, um das Licht Allahs auszulöschen.' Sie standen auf und formierten sich vor den Leuten. Sie trugen Helme, so dass sie nicht erkannt wurden. 'Sprecht', sagte Utba zu ihnen, wenn ihr die uns Ebenbürtigen seid, dann werden wir gegen euch kämpfen...“[45]
Ali kämpfte zuerst gegen Al-Walid ibn Utba und besiegte ihn. Er kam Ubaida zur Hilfe, als dieser von Schaiba getroffen wurde und ins Straucheln geriet. Nach übereinstimmenden Quellen von Sunniten und Schiiten streckte Ali mindestens 36 Männer nieder. Darunter waren auch namhafte Edelleute und bekannte Feinde des Propheten wie Naufal ibn Chuwailid, Al-Aas ibn Sa'id und Tu'aima ibn Adi ibn Naufal.[46] *Bukhari* gibt die Verluste der Quraish bei Badr mit 70 Mann an, weitere 70 Mann wurden gefangen genommen.[47] Das würde bedeuten, dass Ali für mehr als die Hälfte der Verluste der Quraish bewirkte. Der Prophet schleuderte schließlich seinen Gegnern eine Handvoll Kieselsteine entgegen, und die Quraish ergriffen die Flucht. Nach muslimischer Auffassung wurde die Schlacht durch den

---

[45] Scheich al-Mufid, Kitab Al-Irschad 2006, S. 58

[46] Ebenda, S. 55 ff.

[47] Sahih, Bd. 4, Buch 52, Nr. 276

Beistand himmlischer Heerscharen entschieden. Dies wird auch in den beiden folgenden Koranversen deutlich: „Gott hat euch bereits bei Badr zum Sieg verholfen, als ihr unterlegen und verachtet wart. Fürchtet Gott und seid dankbar Gott gegenüber! Den Gläubigen sagtest du damals: ‚Genügt es euch nicht, dass euch euer Herr mit dreitausend herabgesandten Engeln unterstützt? Fürwahr, wenn ihr Geduld übt und gottesfürchtig seid und der Feind euch plötzlich angreift, wird euer Herr euch mit fünftausend heranschwebenden Engeln unterstützen." (Quran 3:123-125)
Und in Sure 3:13 heißt es: „Ihr hattet ein Zeichen an zwei Scharen, die (im Kampf) aufeinandertrafen: eine Schar, die um Gottes willen kämpfte, und eine andere, ungläubige, die sie (d.h. die Gläubigen) nach dem Augenschein für zweimal so viel ansahen wie sie (selber waren, während sie in Wirklichkeit zahlenmäßig noch stärker waren). Gott stärkt mit seiner Hilfe, wen er will. Das ist ein Grund zum Nachdenken für diejenigen, die Einsicht haben."
In einem anschließenden Disput, was mit den Gefangenen geschehen solle, plädierten einige (wie Umar) dafür, die Gefangenen hinzurichten, der Prophet entschied aber, dass die Gefangenen verschont werden sollten.

4.3. Ali in der Schlacht von Uhud

Die Niederlage von Badr brachte für die Quraish nicht nur einen erheblichen Prestigeverlust mit sich, sondern dadurch waren auch die für den Handel so wichtigen Karawanenrouten dauerhaft gefährdet. Etwas über ein Jahr später wurde deshalb ein etwa 3000 Mann starkes Heer aufgestellt, dass unter dem Oberbefehl Abu Sufiyans nach Medina ziehen sollte und den von den Quraish gehassten Propheten ein für allemal erledigen sollte. Muhammad entschied sich dagegen, in der Stadt zu bleiben, sondern er führte seine an die 1000 Mann zählende Streitmacht aus der Stadt und ließ sie am Fuß des Berges Uhud Stellung beziehen. Die Schlacht am Berg Uhud wird auf den 23.3.625 datiert. Ali wurde am Tag von Uhud sowohl die Flagge als auch das Banner überlassen.[48] Nachdem sich die Schlacht nach einigem Hin und Her zugunsten der Muslime zu wenden schien, verließen die Bogenschützen die ihnen zugewiesene Position, wobei sie die Flucht eines Teils der Karawane verhindern wollten. Nachdem sich auch noch das Gerücht vom Tod des Propheten verbreitete, flohen

---

[48] Nach einem Bericht Zaid ibn Wahb al-Dschuhnis. Vgl. Scheich al-Mufid, Kitab al-Irschad 2006, S. 62 f.

die meisten Gefährten Muhammads. Ali war unter denen, die standhaft blieben und nicht flohen - und so die Niederlage nicht in eine Katastrophe ausarten ließen. Er beschützte den Propheten, ließ ihn während der Kämpfe nie aus den Augen und ermöglichte so den Rückzug in die Berge. Dies wird in der folgenden Überlieferung Al-Mufaddhal ibn Abdullahs (unter Berufung auf Abdallah ibn al-Abbas) deutlich: „Es waren Ali ibn Abi Talib vier Dinge gegeben, die niemanden (sonst) gegeben waren: Er war der erste unter den Arabern wie Nicht-Arabern, der mit dem Propheten betete; er war derjenige, der seine (des Propheten) Flagge bei jedem Feldzug trug. Er war derjenige, der mit ihm am Tage von Mihras, d.h. am Tage von Uhud, standhaft blieb, während die (übrigen) Leute flohen; und er war derjenige, der ihn in sein Grab legte.“[49]
Die Muslime verloren in Uhud etwa 70 Kämpfer, darunter Muhammads Onkel Hamza und Musab ibn Umair. Die Kämpfer der Quraish verstümmelten die Leichen der Muslime. So wurde der Frau Abu Sufiyans, Hind, die Leber Hamzas gebracht, die sie zu verspeisen versuchte. Kurz nach der Schlacht von Uhud wurde folgender Vers herabgesandt: „Und seid nicht verzagt und traurig; ihr werdet siegen, wenn ihr gläubig seid.“ (Sura 3, Aya 139)
Den Muslimen brachte nach der Niederlage von Uhud weiterhin folgender Vers Trost: „Wenn euch eine Härte getroffen hat, so hat eine Härte gleich schon andere Leute getroffen. Und diese Tage (des Sieges und der Niederlage) lassen Wir wechseln unter den Menschen, damit Allah die Gläubigen erkennt und Sich aus euch Zeugen erwählt. Und Allah liebt die Ungerechten nicht. Und damit Allah die Gläubigen läutert und die Ungläubigen dahinschwinden lässt.“ (Sura 3, Ayat 140-141)

4.4. Die Grabenschlacht

Die Quraish verstanden es nicht, ihren Sieg auszunutzen und auf die nunmehr de facto wehrlose Stadt Medina, die unmittelbar vor ihnen lag, vorzustoßen. Es gab unter ihnen zwar Männer wie wie Amr ibn Aas, die nun die Chance witterten, den Islam auszulöschen und daher auf die Stadt vorrücken wollten. Sie konnten sich jedoch nicht durchsetzen. Die Mehrheit der Kämpfer der Quraish war jedoch durch den Kampf erschöpft und zog es stattdessen vor, sich auf den Rückweg nach Mekka zu begeben und sich mit der Revanche für Badr zu begnügen. Der Prophet wandte sich anschließend den Banu Nadir,

[49] Kifaya al-Talib, zitiert nach Scheich al-Mufid 2006, S. 62

einem jüdischen Stamm Mekkas, der mit den Quraish zusammenarbeitete und ihn zu töten versucht hatte, zu.[50] Sie wurden einige Wochen belagert, bis sie kapitulierten und abziehen durften.
Im Jahr 627 n. Chr. bzw. im 5. Jahr nach der Hedschra stellten die Quraish und ihre Verbündeten ein Heer von etwa 10000 Mann auf, dass sich auf den Weg nach Mekka begab und das für die Quraish bestehende Problem des Propheten und seiner Anhänger ein- für allemal erledigen sollte. Muhammad waren die Vorbereitungen für dieses Unternehmen nicht verborgen geblieben, und er ordnete an, die nicht durch Befestigungen geschützten Teile der Stadt mit einem Graben zu umgeben. Weiterhin sollte mit der Errichtung von Wachtürmen die Verteidigung des Grabens gewährleistet werden. Der Prophet soll seine diesbezügliche Entscheidung aufgrund des Ratschlags des Persers Salman (Salman al-Farsi) gefällt haben, der diese auf der Arabischen Halbinsel zu dieser Zeit nicht bekannte militärische Taktik aus den Kämpfen in seiner Heimat kannte.[51] In aller Eile wurde dieser Graben - unter tatkräftiger Mithilfe der Bewohner Medinas - ausgehoben. Als die aus Mekka heranziehende Streitmacht ihr Ziel erreicht hatte, war die Überraschung - angesichts des frisch ausgehobenen Grabens - groß und die Streitmacht verweilte zunächst in der Nähe des Grabens. Es kam zur Belagerung. Die Reiter der Quraish versuchten, den Graben an einer engen Stelle zu überwinden. Dort traten ihnen Ali und einige muslimische Kämpfer entgegen.[52] Als die Gruppe der Quraish unter Führung von Amr ibn Abd Wudd der muslimischen Kämpfer gewahr wurden, forderten sie die Muslime zum Einzelkampf. Ali trat gegen Amr an und besiegte ihn. Muhammad ibn Umar al-Waqidi berichtete über die Ereignisse wie folgt: „Abdullah ibn Dschafar berichtete uns von Bin Abu Aun, von al-Zuhri, der berichtete: 'Amr ibn Abd al-Wudd , Ikrima ibn Abu Dschahl, Hubaira ibn Abu Wahb, Naufal ibn Abdillah ibn al-Mughira und Dhirar ibn al-Chattab kamen am Tage von Ahzab zum Graben und begannen, um ihn herumzugehen und suchten eine enge Stelle, damit sie ihn überqueren können. Sie kamen an eine (unbewachte) Stelle, an der sie ihre Pferde zwangen, sie zu überqueren ... Die Muslime blieben stehen, und keiner von ihnen trat ihnen entgegen. Amr ibn Abd al-Wudd rief zu einem Einzelkampf ... Die ganze Zeit stand Ali ibn Abi Talib unter ihnen bereit, um gegen ihn zu kämpfen, doch der Gesandte Allahs befahl ihm, sich zu setzen und zu warten ... Nachdem

---

[50] Khan, Der Prophet Mohammed 2002, S. 57

[51] Vgl. Scheich al-Mufid, Kitab Al-Irschad 2006, S. 72

[52] Vgl. ebenda, S. 73

Amr für eine lange Zeit zum Kampf gefordert hatte..., sagte der Gesandte Allahs zu ihm [Ali]: >Komm her zu mir< , und er (Imam Ali) ging zu ihm hin, und er (der Prophet) nahm seinen eigenen Turban ab und setzte ihn ihm (Ali) auf. Dann gab er ihm sein Schwert und sagte: >Führe deine Aufgaben aus<, dann sagte er: >O Allah, hilf ihm<, und er (Ali) rannte auf Amr zu..."[53] Nachdem Ali Amr besiegt hatte, ergriffen die Mitstreiter Amrs die Flucht.
Die Belagerung Mekkas dauerte etwa vier Wochen, und es fand - außer dem Abschießen von Pfeilen - kein Kampf statt. Nach den Angaben von Ibn Ishaq fielen im Grabenkrieg nur sechs Muslime.[54]

4.5. Die Einnahme von Mekka

Im Jahr 8 n.d.H. (nach der Hedschra) gelang dem Propheten und seinen Mitstreitern schließlich die Einnahme von Mekka. Die Quraish ergaben sich und auch die bisher schlimmsten Feinde des Islams nahmen nun den Islam an. Dies betrifft bspw. Auch Abu Sufyan und seine Frau Hind bint Utba. Es sei daran erinnert, dass Hind z.B. eine solch erbitterte Feindin Muhammads war, dass sie nach den Überlieferungen das Herz von Muhammads Onkel Hamza nach der Schlacht von Uhud verspeiste. Der Prophet ließ bis auf wenige Ausnahmen nach der friedlichen Eroberung Mekkas Milde walten. Nach islamischer Anschauung ist es verpönt, jemandem seine Vergangenheit vorzuhalten, nachdem der- oder diejenige den Islam angenommen hat, denn die Sünden im Leben davor, bevor man Muslim bzw. Muslima wird, gelten mit der Annahme des Islams als gelöscht. Dennoch gibt dies Anlass zu einer Bemerkung. Die reichen Quraish waren weiter bemüht, Reichtum und Privilegien zu behalten. Die äußere Annahme des Islams bedeutet nicht unbedingt, dass die Religion auch die Herzen erreicht hat. Obwohl nun alle formell Muslime waren, bestanden die Klassengegensätze zumeist fort, auch wenn sich die Machtverhältnisse geändert hatten. Und zahlreiche Quraish waren durchaus nicht bereit, auf ihre Privilegien verzichten zu wollen. Führende Positionen konnten auch unter den neuen religiösen Verhältnissen verteidigt oder erreicht werden, ganz gleich, ob der neue religiöse Rahmen de facto nur auf dem Papier bestand. So hieß bspw. der Sohn von Abu Sufiyan und Hind Muawija. Und dieser sollte schnell aufsteigen – und letztlich zu einer Bedrohung für den wahren

[53] Ebenda, S. 74

[54] Vgl. Ibn Ishaq, Das Leben des Propheten 1999, S. 181

Islam erwachsen, wie im Folgenden deutlich werden wird.

4.7. Die Ereignisse von Ghadir Khumm

Einen bedeutenden Stellenwert beim Streit um die Nachfolge des Propheten nehmen die Ereignisse von Qadir Khumm ein. Handelt es sich dabei um eine Erfindung der Schiiten, wie oft zu hören ist? Betrachten wir zunächst die überlieferten Ereignisse.
Auf dem Rückweg von seiner letzten Pilgerfahrt nach Mekka, der Abschiedspilgerfahrt im Jahr 632 n. Chr., legte der Prophet bei einer Wasserstelle eine Rast ein. Qadir Khumm heißt übersetzt am „Brunnen von Khumm". Dort soll der Gesandte Allahs die Errichtung einer Kanzel und die Sammlung der aus Mekka zurückkehrenden Muslime angeordnet haben. Nach der Verrichtung des *Dhur*-Gebets hielt er an diesem Ort eine Rede, in der er u.a. Folgendes ausführte: „Es ist so, als ob ich gerufen würde und ich folgen müsste. Ich habe Euch die beiden Gewichtigen hinterlassen, von denen eines bedeutender als das andere ist: der Koran und meine Nachkommenschaft. Also seht, wie ihr in ihnen nachfolgen könnt, denn beide werden nicht getrennt werden..." Weiterhin äußerte er sich wie folgt: „Allah, der Allmächtige und Erhabene, ist mein Schutzherr und ich bin der Schutzherr eines jeden Gläubigen." Darauf soll er die Hand Alis genommen und Folgendes verkündet haben: „Wem ich sein Schutzherr bin, dem sei er sein Gebieter (*wali*). O Allah! Wer ihm beisteht, dem sei ein Freund, wer ihm aber feindlich gesonnen ist, dem sei ein Feind."[55] Scheich Mufid zufolge sagte der Prophet Folgendes: „Der dessen Herr ich bin, dessen Herr ist auch Ali."[56] Das Fest der Designation Alis bei Ghadir Khumm wird seit Jahrhunderten im Iran gefeiert. Der Prophet ernannte Ali somit zum *Wali* und verlieh ihm den Rang eines Statthalters (*Muttawali*). Noch an diesem Tag wurde der folgende Vers offenbart:
„Heute habe Ich eure Glaubenslehre für euch vollendet und Meine Gnade an euch erfüllt und euch den Islam zum Bekenntnis erwählt." (Koran 5:3)
Wie verhält es sich nun mit der Glaubwürdigkeit der geschilderten Ereignisse? Die Geschehnisse sind von zahlreichen *Sahabi* und *Tabi'un* überliefert. Ayatollah Reza Ramezani macht darauf aufmerksam, dass „dieser Vorfall .. zu den geschichtlichen Ereignissen

---

[55] Vgl. Tabatabai, Die Schia im Islam 1996, S. 7

[56] Sahih al-Mufid I 5-6, Mozzafar 1375, 44 ff.; zitiert nach Mehr Ali Newid 2006, S. 55, Anm. 175

der Muslime [zählt], das 110 Gefährten wiedergegeben haben und zu dem Koran-Verse offenbart wurden. Selbst Ibn Abi-l-Hadid, ein sunnitischer Geistlicher, bezeugt diesen Vorfall, der auch von solchen Menschen berichtet worden sei, die keine Rafidha bzw. Schiiten gewesen seien bzw. die nicht einmal die Vorrangstellung Alis anerkannt hätten."[57] Die Ereignisse von Ghadir Khumm gehören sogar zu den am besten bezeugtesten Überlieferungen - sowohl bei Schiiten als auch Sunniten. Überliefert wurden sie u.a. bei Tirmidhi, Ibn Majah, Ibn Kathir, As-Suyuti und Ibn Hanbal.[58] Allama Sayyid Tabatabai macht dies wie folgt deutlich: „Das Gadir-Hadith gehört zu den gesichertsten Hadithen von Sunna und Schia; über 100 Gefährten haben es mit verschiedenen Dokumenten und Worten überliefert, was in den Büchern der Schia wie Sunna festgehalten ist."[59] Es mag überraschend anmuten, dass auch zahlreiche sunnitische Quellen diese Ereignisse von Qadir Khumm bestätigen, besteht doch eine offensichtliche Diskrepanz zwischen den auch in den sunnitischen Quellen zu findenden Aussagen des Propheten und der sich nach dem Tod des Propheten getroffenen Entscheidung über die Nachfolge. Die Sunniten streiten den Ausspruch des Propheten somit nicht ab, beharren aber auf den Standpunkt, dass es sich dabei nicht um eine Designation Alis gehandelt habe.[60] Um das in Einklang zu bringen, wird behauptet, mit dem Begriff *Wali* sei gemeint, dass der Gesandte Allahs Ali lediglich als besonderen Freund der Muslime vorstellen wollte.

4.7. Der Tod des Propheten und die Nachfolgefrage

4.7.1. Kontroverse um die Todesumstände

Die Sunniten folgen heutzutage der Darstellung von Aisha, nach der der Prophet an ihrer Brust verschieden ist. Nach der Überlieferung von Ibn Sa'd hat Ali allerdings berichtet, wie der Prophet in seinen Armen verschied: „Während er krank war, sagte der Gesandte Allahs (sa): 'Bringt meinen Bruder zu mir!' Da bin ich zu ihm gekommen, worauf er sagte: 'Komm näher!', was ich auch tat. Dann stützte er sich auf mich. Ich verharrte so, bis ein wenig Speichel auf mich tropfte. Daraufhin starb er (sa)."[61] Als Ibn Abbas gefragt wurde, ob er sehen

[57] Ayatollah Ramezani, Reza: „Das Wesen der Schia", in: Spektrum Iran, Nr. 3/2014, S. 17

[58] Vgl. zu den Quellen Tabatabai, Die Schia im Islam 1996, S. 7

[59] Ebenda, S. 7, Anmerkung 2

[60] Vgl. Mehr Ali Newid, S. 55, Anm. 175

[61] Sayyid Abdalhussain Scharaffuddin al-Musawi: Al-Muradscha'at. Die

konnte, wie der Prophet starb und in wessen Schoß er lag, antwortete er: „Ja, als er starb, lehnte er an der Brust Alis." Da entgegnete ihm jemand: „Aber Urwa berichtet, dass Aisha Folgendes gesagt hat: ‚Er verstarb, als er mir zwischen Brust und Kehle lag.' Ibn Abbas bestritt dies und meinte zu dem Fragenden: ‚Kannst Du das begreifen? Bei Allah, als er starb, lehnte er an der Brust Alis, welcher es auch war, der ihn dann gewaschen hat.'"[62] Dass Ali die rituelle Ganzkörperwaschung des Leichnams des Propheten verrichtete, ist eine auch von Sunniten akzeptierte Überlieferung. Ibn Ishaq zufolge sprach Ali dabei Folgendes: „Du, der du mir teurer als Vater und Mutter bist, wie wunderbar bist du doch als Lebender und als Toter!"[63] Einer anderen Überlieferung zufolge weinte Ali bitterlich und pries den Propheten mit folgenden Worten: „O Gesandter Allahs! Mögen mein Vater und meine Mutter deine Auslösung sein! Dein Tod setzte dem ein Ende, was durch den Tod anderer Propheten nicht endete. Mit deinem Tod gibt es keine göttlichen Offenbarungen mehr. Du bist so besonders, dass du ein ausreichender Trost für den Verlust jeder anderen Person oder Sache bist, und dennoch bist du so gewöhnlich, dass alle Menschen in deiner Wertschätzung gleich sind. Wäre es nicht, dass du Geduld angeordnet und Seelenqualen verboten hättest, so hätten wir unsere Augen heraus geweint und unser Leid und Kummer wären ausgedehnt. Aber wir können uns nicht widersetzen."[64] Wenn man die Angelegenheit des Todes des Propheten etwas näher beleuchtet, so geht der Bericht, dass der Prophet im Schoße Aishas gestorben sei, nur auf Aisha zurück, während die Schilderung, dass der Prophet auf dem Schoß Alis verschied, außer bei Ali auch bei Ibn Abbas, Umm Salamah oder Abdullah bin Amru zu finden ist.[65]

4.7.2. Abu Bakr wird zum Kalifen ausgerufen

Nach sunnitischer Auffassung ist Mohammed gestorben, ohne einen

---

Konsultation – Dialog zwischen Sunniten und Schiiten, Hg. vom Islamischen Zentrum Hamburg, Bremen 2006,

[62] Ebenda, S. 360 f.

[63] Ibn Ishaq, Das Leben des Propheten 1999, S. 258

[64] Qutb, Muhammad Ali, Women around the Messenger, Riad 2008, S. 434

[65] Ebenda, S. 363

Nachfolger bestimmt zu haben. Die Schiiten verweisen dagegen auf die Designation Alis in Ghadir Khumm sowie auf weitere Aussprüche des Propheten, wie etwa den folgenden: >>O ihr Menschen! Ich hinterlasse euch zwei Kleinodien; haltet euch an sie, dann werdet ihr nach meinem Tode nicht irregehen: Das Buch Gottes und meine Nachkommenschaft, die Familie des Hauses (*Ahl ul-Bait*).<<[66]

Als der Prophet gestorben war, stellte sich Umar vor das Haus des Propheten und verkündete, dass er jeden töten würde, der behauptete, dass der Prophet gestorben sei. So verhinderte er auch den Zutritt zu Ali, damit Gefährten zu ihm kommen und ihm den Treueid als Nachfolger schwören konnten. Während Ali die rituelle Ganzkörperwaschung des Propheten vollzog und ihn begrub, versammelten sich in Sakifa einige Gefährten und ernannten Abu Bakr zum Kalifen, wodurch Ali und seine Gefolgsleute vor vollendete Tatsachen gestellt wurden.

4.7.3. Zwischenbetrachtung: Welche Handlungsoptionen hatte Imam Ali?

Ali und seinen Gefolgsleuten blieben angesichts dieser Situation drei Handlungsoptionen:

1. Er konnte Abu Bakr den Treueid leisten, um selbst eine hohe Position im Staat zu erlangen. Dies hätte jedoch Verrat am Auftrag des Propheten bedeutet.
2. Er konnte versuchen, einen Aufstand zu organisieren.

Bei einem Aufstand bestand die Gefahr eines Bürgerkriegs im islamischen Staat, was wiederum die Gefahr in sich barg, dass die Feinde des Islams dies ausnutzen konnten, um den jungen Staat zu zerstören. Ali stellte das Wohl der *Umma* und des Staates über seine eigenen Ansprüche und entschied sich, keinen Aufstand zu organisieren.

3. Protest gegen die Ernennung Abu Bakrs und Aufrechterhaltung des Anspruchs auf das Kalifat und auf die oberste religiöse Autorität.

---

[66] Der Hadith wurde zitiert nach Ende Werner: „Der schiitische Islam“, in: Ende/Steinbach 1984, S. 71

Ali und seine Anhänger entschieden sich für diese Option. Sie protestierten gegen die Ernennung Abu Bakrs zum Kalifen und gegen die Art und Weise, wie dies zustande gekommen war. Der Anspruch, dass Ali der rechtmäßige Nachfolger des Propheten und in religiösen Fragen die oberste Autorität sei, wurde dadurch aufrechterhalten. Durch diesen Protest traten Ali und seine Anhänger als die *Schiat Ali* in Erscheinung und wurden unter dieser Bezeichnung bekannt. Aus Rücksicht auf das Wohl des Islams und der Muslime verzichtete man auf weitergehende Maßnahmen und unterstützte auch bei Konflikten die gemeinsame islamische Sache.

5. Imam Alis Wirken unter den ersten drei Kalifen

5.1. Unterschiedliche Auffassungen im Hinblick auf das Kalifat

Im Folgenden soll auf die unterschiedlichen Auffassungen eingegangen werden, die zur Entstehung der Schia als einer eigenen Strömung im Islam führten.

Ein zentraler Punkt ist dabei, dass die Schia ihre Ansicht von der Notwendigkeit eines unfehlbaren Kalifen der Auffassung von einem Wahlkalifat entgegenstellte. Ein derartiger unfehlbarer Anführer bzw. Kalif wurde aus zwei Gründen für notwendig erachtet:

1. Die islamische Lehre muss vor Abweichungen, Entstellungen, und Irrtümern geschützt werden, um sie den Menschen richtig zu vermitteln.

2. Die Etablierung einer wahrhaftig islamischen Ordnung, die in allen Bereichen der Gesellschaft Gerechtigkeit verwirklichen soll, erfordert eine Person an der Spitze des islamischen Staates, die nicht anfällig ist für die Versuchungen, die eine solche hohe Position mit sich bringt.

Das alles erfordert einen Anführer mit göttlicher Legitimation. Durch das Zeugnis und die Bestätigung des Propheten kann man sich nach schiitischer Überzeugung sicher sein, dass Ali ein solcher unfehlbarer Nachfolger ist. Dazu können Überlieferungen angeführt werden, denen zufolge Ali in seinen Handlungen von Irrtum und Sünde bewahrt bleibt.[67] Im 33. Vers der Sure 33, *Ahzab*, heißt es: „Gott möchte von euch *Ahl-ul Bait* Fehl und Unreinheit fernhalten und euch absolut rein und fehlerlos sein lassen!“ In vielen Hadithen wird der Schia zufolge deutlich, dass damit auch die Imame und Fatima gemeint sind. So berichtete Aisha z.B. Folgendes: >>Eines Tages verließ der Prophet in einem dunklen, wollenen *Aba* das Haus. Er gab Ali, Fatima, Hassan und Hussein darunter Platz und sagte: Gott möchte von euch *Ahl-ul-Bait* Fehl und Unreinheit fernhalten und euch absolut rein und fehlerlos sein lassen!<<[68]

5.2. Das Kalifat Abu Bakrs (632-634 n. Chr.)

Abu Bakr war zwar ein enger Kampfgefährte des Propheten, hatte auf sein Vermögen verzichtet und den Propheten auf der Hedschra begleitet.[69] Dennoch wurde die islamische Gemeinschaft mit der Ernennung von Abu Bakr zum Kalifen vor vollendete Tatsachen gestellt.

Das Kalifat Abu Bakrs währte nur kurze Zeit, lediglich knapp zwei Jahre. Obwohl an Abu Bakrs persönliche Integrität und ehrlichen Einsatz für die islamische Sache kein Zweifel bestehen kann, wurde er doch von der ehemaligen Oberschicht Mekkas, insbesondere den Umayyaden, beeinflusst, die bestrebt waren, die „Gerechtigkeitsfanatiker“ um Ali ibn Abi Talib, die von ihnen als größte Gefahr angesehen wurde, im Zaum zu halten.[70]

In Bezug auf die Schia ist dieses Kalifat gekennzeichnet durch den Konflikt mit dem "Haus des Propheten" und durch die weiter bestehenden Differenzen in religiösen Fragen. Die Weigerung Alis, den Treueid zu leisten, gefährdete die Autorität des neuen Kalifen Abu Bakr. Auch von sunnitischer Seite wird darauf verwiesen, dass Ali zunächst den Treueid verweigerte.[71] Nach sunnitischer Überlieferung soll sich ein paar Monate später allerdings das folgende Gespräch

[67] Vgl. Tabatabai, Die Schia im Islam 1996, S. 130-134

[68] Yanabi-ul-Muwaddah S. 124; Dar ul Mantur B. 5 S. 198.

[69] Vgl. Schreiner (Hg.), Der Imam 1982, S. 21

[70] Vgl. ebenda, S. 22

[71] Vgl. http://www.ahlu-sunnah.com/threads/43367-Wer-ist-der-Imam-unserer-Zeit ; vgl. Lings, Muhammad 2000, S. 470

zwischen Ali und Abu Bakr ergeben haben. Demzufolge wandte sich Ali wie folgt an Abu Bakr: „Wir wissen wohl um deinen Vorrang und um das, was Gott dir bestimmte, und wir neiden dir keine Gunst, die Er dir gewährt. Aber du hast uns vor vollendete Tatsachen gestellt und uns keine Wahl gelassen, und wir meinten, wir hätten aufgrund unserer nahen Verwandtschaft mit dem Gesandten Gottes doch einigen Anspruch darauf." Abu Bakr soll dann unter Tränen geantwortet haben: „Bei dem, der meine Seele in den Händen hält, es wäre mir lieber, zwischen mir und der Familie des Gesandten Gottes stünde alles zum Besten als zwischen mir und meiner eigenen Familie." Danach soll Ali öffentlich das Recht Abu Bakrs auf das Kalifat bestätigt und ihm den Treueid geleistet haben.[72] Ist dies glaubwürdig? Wenn man sich die Ereignisse von Ghadir Khumm vor Augen hält, die ja von zahlreichen, auch von Sunniten akzeptierten Überlieferungen stammen, erscheint es höchst zweifelhaft, dass Ali von einem Vorrang Abu Bakrs gesprochen haben soll und diesen freiwillig anerkannte. Man muss natürlich berücksichtigen, dass die Anhänger Abu Bakrs und Gegner Alis bemüht waren, die Legitimität des Kalifats von Abu Bakr zu begründen.

Wahrscheinlicher ist es, dass Ali aufgefordert wurde, den Treueid abzuleisten, um die Autorität Abu Bakrs zu festigen.[73] Nach der schiitischen Darstellung der Ereignisse lief Umar voller Zorn zum Haus Alis und forderte Einlass, als Ali dieser Aufforderung nicht nachkam. Da ihm dieser nicht gewährt wurde, verschaffte er sich gewaltsam Zutritt. Dabei wurde Alis Frau Fatima, die sich den Eindringlingen in den Weg stellte, durch einen Stoß in den Unterleib schwer verletzt. Ali wurde gewaltsam verschleppt.

Weiterhin wird von schiitischer Seite vorgebracht, dass Abu Bakrs Verhalten, nachdem er Kalif geworden war, nicht davon geleitet war, mit der Familie des Propheten in gutem Einklang zu stehen. So wird ihm vorgeworfen, Fatima, der Ehefrau Alis und Tochter des Propheten, das fruchtbare Land *Fadak* weggenommen zu haben. Dabei wird auf eine Überlieferung Abu Said al-Chudris verwiesen, nach der der Prophet Fatima das Land geschenkt hatte.[74] Für Abu Bakr

---

[72] Vgl. ebenda, S. 470, Anm. 6

[73] Vgl. Ayatullah Amini, Ibrahim: Fatima Zahra 2013, S. 128

[74] Ayatullah Amini, Fatima Zahra, S. 136. Es wird auch darauf hingewiesen, dass Abu Said al-Chudri unter den Sunniten eine hohe Glaubwürdigkeit genießt.

war das Land allerdings nicht Eigentum des Propheten, sondern Allgemeinbesitz der Muslime, mit dem Belange der islamischen *Umma* finanziert werden sollten. Weiterhin gab es einen Streit um das fruchtbare Land *Fadak,* das Fatima vom Propheten geschenkt worden war. Abu Bakr ließ das Land konfiszieren.[75]

Von großer Bedeutung waren die bestehenden Differenzen in religiösen Fragen. Neben den unterschiedlichen Auffassungen, die das Wahlkalifat, die göttliche Legitimation und die oberste Autorität in religiösen Fragen betreffen, vertritt die *Schiat Ali* die Auffassung, dass eine islamische Ordnung die Scharia[76] - in ihrer jeweiligen zeitgemäßen Interpretation - durchzusetzen hat. Der Kalif verzichtete dagegen auf die Anwendung, wenn es die Umstände erforderten. Die Scharia wurde in dieser Zeit nach schiitischer Auffassung wie folgt verändert:

- Es erfolgte das Verbot des Aufschreibens von Hadithen. Hadithe wurden konfisziert und verbrannt.

- Die Abgabe (Khums) für das Haus des Propheten wurde gekürzt.

Abu Bakr ernannte kurz vor seinem Tod Umar ibn al-Khattab zum neuen Kalifen. Die Nachfolgefrage wurde somit nicht durch eine Wahl entschieden, worauf man sich noch bei der Bestimmung Abu Bakrs zum Kalifen berief, sondern erfolgte nun durch einfach durch Ernennung. Das Verfahren wurde somit bereits bei der Bestimmung des zweiten Kalifen verändert. In das nicht einmal 2 Jahre dauernde Kalifat von Abu Bakr fielen die *Ridda*-Kriege, d.h. die Feldzüge gegen die Stämme, die nach dem Tod des Propheten vom Islam abfielen.

5.3. Die Regierungszeit Umar ibn al-Khattabs (634-644 n. Chr.)

Umar ibn al-Khattab hatte einst die Führungsqualitäten Alis gepriesen, war sich aber mit den Privilegierten einig, die *Umma* nicht von den

---

[75] Ayatullah Amini, Ibrahim: Fatima Zahra, Bremen 2013, S. 135-146

[76] Vgl. zur Scharia z.B.: Khorchide, Scharia 2014, S. 150 ff.

„Gerechtigkeitsfanatikern" führen zu lassen.[77]

Daher brachte er in seinem etwa zehn Jahre dauernden Kalifat zahlreiche Gegner *Alis* und seiner Anhängerschaft in wichtige Führungspositionen. So ernannte er Muawija, den Sohn von Abu Sufiyan und Hind, der wohl erbittertsten Feinde des Propheten in der Zeit des Kampfes des Propheten mit seinen Feinden in Mekka, zum Gouverneur von *Schams* (einer Provinz mit der Hauptstadt Damaskus).

In religiöser Hinsicht ist für die Schiiten bedeutend, dass Umar einige Abschnitte der Scharia, nämlich die Zeitehe (*Mut'a*)[78] und die *Tamattu*-Hadsch[79], veränderte.

Unter der Herrschaft Umars begann eine ungleichmäßige Verteilung des Staatsschatzes, die im Laufe der Zeit zu enormen Klassenunterschieden führte, ein für unser Thema nicht unerheblicher Aspekt.[80]

Umar bestimmte kurz vor seinem Ableben ein aus sechs Personen bestehendes Wahlgremium von sechs Personen, das den neuen Kalifen unter sich ausmachen sollte. Das Verfahren zur Bestimmung eines neuen Kalifen wurde somit erneut verändert.

5.3. Das Kalifat Uthman ibn Affans (644-656 n. Chr.)

Uthman gehörte zwar zur Schicht der reichen Quraish in Mekka und seine verwandtschaftlichen Verbindungen mit den privilegierten Familien waren ausgeprägt, er hatte jedoch aus Glaubensgründen

---

[77] Vgl. Schreiner, Der Imam 1982, S. 22

[78] Die Zeitehe bzw. Genussehe (*mut'a* bedeutet Genuss) ist eine Form der Ehe, bei der die Dauer der Ehe vorher abgesprochen und festgelegt wird. Diese Form der Ehe wurde zur Zeit des Propheten praktiziert. Die Schiiten halten nach wie vor an ihr fest, während sie die Sunniten für aufgehoben halten.

[79] Form der Pilgerfahrt nach Mekka mit speziellen Riten.

[80] Fiedler, Die Schia im Islam 2016, S. 54

Mekka verlassen und sich dem Propheten angeschlossen.[81] Der Bruch war aber nie vollständig. Nach dem Übertritt seiner Verwandten zum Islam war der Graben überwunden. Schon nach kurzer Zeit seines Kalifats begann Uthman, seine (ummayadischen) Verwandten in führende Positionen einzusetzen. Dieser offene Nepotismus führte zur Bildung einer breiten Opposition und zu Aufständen. Uthman wurde im Jahr 656 v. Chr. ermordet. Danach wurde endlich Ali ibn Abi Talib, der der Schia zufolge bisher übergangene eigentliche Nachfolger des Propheten, zum Kalifen ernannt.

6. Imam Ali als Kalif (656-661 n. Chr.)
6.1. Revolutionäre Veränderungen

Imam Ali hatte von Beginn seines Kalifats an deutlich gemacht, dass er Fehlentwicklungen wieder korrigieren wollte und revolutionäre Veränderungen anstrebte. Er versuchte von Anfang an, die Staatsverwaltung zu reformieren. Dabei war „der entscheidende Reformgedanke: Der öffentliche Staatsfond, das heißt die Staatseinnahmen, die über den Staatsausgaben lagen, wurden zu gleichen Teilen an die muslimischen Bürger verteilt. Korrupte Staatsbeamte und Offiziere wurden entlassen, die Armee neu organisiert, die Bürokratie auf ein Minimum beschränkt.“[82] Mit seinen Maßnahmen bezweckte Imam Ali, die ungleiche Verteilung des Staatsschatzes zu beenden und wieder soziale Gerechtigkeit herzustellen. Damit war der entschiedene Widerstand der Oberschicht vorprogammiert. Aufstände ließen nicht lange auf sich warten.

Weiterhin sollten die in den Zeiten des Nepotismus eingesetzten unfähigen Verantwortlichen abgesetzt und durch kompetente Personen ersetzt werden. Der dritte Kalif, Uthman ibn Affan, hatte seine Verwandten zu Herrschern in einigen Provinzen des islamischen Staates (wie Ägypten und Irak) ernannt. Ali machte deutlich, dass er dies zu ändern gedachte, so wie er auch die meisten der von seinen Vorgängern im Kalifenamt eingeführten Veränderungen wieder rückgängig machen wollte.

---

[81] Vgl. Schreiner (Hg.), Der Imam 1982, S. 21

[82] Schreiner (Hg.), Der Imam 1982, S. 23

6.2. Der Widerstand gegen Alis Kalifat

Dies führte zum Widerstand der Verantwortlichen in führenden Positionen, die nunmehr ihre Interessen bedroht sahen. Unter dem Vorwand der Rache für die Ermordung Uthmans inszenierten sie Aufstände gegen den Kalifen Ali.

Zum ersten Aufbegehren, das in die sogenannte "Kamelschlacht" mündete, kam es, als Ali begann, den Besitz zu gleichen Teilen unter die Menschen zu verteilen, wie es der Prophet getan hatte. Damit beendete er die ungleiche Verteilung des Staatsschatzes. Dies empörte Talha und Zubayr so sehr, dass sie Aisha, die Witwe des Propheten, deren Verhältnis zu Ali belastet war, dazu überreden konnten, sich dem Aufstand anzuschließen. Der Aufstand wurde unter dem Vorwand der Blutrache für die Ermordung des dritten Kalifen Uthman begonnen, obwohl sich Talha und Zubayr während der Ermordung Uthmans in Medina aufhielten und den Kalifen nicht verteidigten sowie zu den ersten gehörten, die Ali den Treueid leisteten.

Auch der zweite Aufstand, der zur Schlacht von Siffin führte, wurde unter dem Vorwand der Blutrache für Uthman ausgelöst. In Wirklichkeit sind die Ursachen für diesen Aufstand im Machtstreben des Statthalters der Provinz *Schams*, Muawija, zu suchen.

Es gab noch einen dritten Aufstand, der zur Schlacht von Nahrawan führte. Nach der Ermordung Alis riss Muawija das Kalifat an sich.

6.3. Der Tod Imam Alis

Im islamischen Fastenmonat Ramadan, am 24. Januar 661 christlicher Zeitrechnung, wurde Imam Ali in der Moschee von Kufa von einem Charidschiten hinterrücks erstochen. Zwei Tage später erlag er seinen schweren Verletzungen. Bei den Charidschiten handelte es sich um eine während des Konflikts von Imam Ali und Muawija um das Kalifat entstandene Strömung. Sie vertraten die Auffassung, dass sowohl Ali als auch Muawija das Recht auf das Kalifat verwirkt hatten.

6.4. Die bleibende Bedeutung von Alis Kalifat

Obwohl es Ali nicht gelingen konnte, in seiner nicht ganz fünf Jahre währenden Amtszeit den ursprünglichen Zustand wieder herzustellen und die entstandenen Irrtümer zu beseitigen, so ist das Kalifat Alis dennoch für die Schiiten von großer Bedeutung: 1. Ali zeigte den Menschen den wahren Islam, indem er Solidarität mit den Armen zeigte und bemüht war, in allen Bereichen der Gesellschaft Gerechtigkeit zu üben. Ali war dabei selbst ein Vorbild. Er führte ein einfaches, bescheidenes Leben und lehnte jede Art von Günstlings- oder Vetternwirtschaft ab. All das stand in diametralem Gegensatz zum prunkvollen und verschwenderischen Lebensstil Muawijas. Ali machte dabei auch stets deutlich, dass er damit in die Fußstapfen des Propheten trat. Er zeigte der Schia zufolge auf diese Weise, wie ein idealer Staatsmann auszusehen hat.

2. Er hinterließ der Nachwelt einen gewaltigen Schatz islamischen Wissens. Darunter fallen bis zu 11000 Aphorismen, womit er die Grundlage für die arabische Literatur legte und die arabische Grammatik begründete. Er war der erste Muslim, der die Existenz Gottes rational zu begründen versuchte, ohne diese rationale Methode über den Quran zu stellen – der Quran bleibt die Richtschnur für die Korrektheit des Gedachten.

3. Ali hatte die Möglichkeit, islamische Gelehrte und Wissenschaftler zu erziehen, unter denen auch spätere Begründer des religiösen Rechts und der Theologie waren.

III. Die Entwicklung des Islams nach dem Tod Imam Alis und die Verfälschung des wahren Islams

1. Wie konnte es geschehen, dass der wahre Islam verdrängt wurde?

Bei der im Folgenden näher beleuchteten Entwicklung stellt sich die Frage, wie es überhaupt sein konnte, dass der Wille des Propheten in der Nachfolgefrage übergangen, die ursprünglichen bestimmenden Kräfte von der Führung verdrängt und der revolutionäre Aspekt der islamischen Religion verloren gehen konnte.

Kurz nach der iranischen Revolution hat sich Shayk Hassan Said wie folgt Gedanken über das Schicksal von Revolutionen gemacht: „Jede Revolution, jede siegreiche revolutionäre Bewegung hat generell folgende Gefahren:

1. Die Führungsschicht entartet, weil sie durch die neue Macht und neuen Reichtum korrumpiert wird.

2. Die opportunistischen Elemente schließen sich der Revolution an, versuchen in den Führungskern vorzustoßen, um die Revolution ihren egoistischen Zielen dienstbar zu machen, um die Revolution zu verfälschen.

3. Unaufgeklärte Massen geraten in den Sog der Revolution, werden mitgerissen; es entsteht eine Massenpsychose; die Massen erwarten zu viel. Sie wissen nicht, dass das revolutionäre Aufbauwerk harte, mühselige Arbeit erfordert, die Fähigkeit zur Organisation, zur Disziplin im Denken und in der Arbeit. Sehr leicht werden sie enttäuscht und werden zu Opfern von Demagogen.

4. Der direkte Feind, die feindliche Ideologie versucht, in die revolutionäre Bewegung einzudringen. Antirevolutionäre Denkmuster werden auf verschiedenen Wegen in die revolutionären Reihen eingeschleust.“[83]

Es ist zunächst einmal bemerkenswert und spricht für sich, dass der

---

[83] Shayk Hassan Said (Hg.): „Vorwort“, in: Reden Imam Alis über Staat und Gesellschaft, IZH Hamburg o.J., S. 2

Islam hier als eine revolutionäre Bewegung angesehen wird. Ein wichtiger Punkt wurde dabei allerdings nicht erwähnt: Die einst führende Schicht der Quraish wurde zwar politisch entmachtet, blieb aber ökonomisch weiter von Bedeutung. Sie konvertierten zum Islam und gewannen danach auch politisch wieder an Bedeutung. Schließlich wurde mit Muawija einer der ihren Kalif und er sicherte ihnen mit der Errichtung der ersten Dynastie die Macht. Die islamische Religion blieb zwar weiterhin in der Gesellschaft verankert, doch die Herrschenden hatten sich vom Geist des ursprünglichen Islam weit entfernt. Im Laufe der Zeit bekamen auch die einfachen Menschen nur noch einen Islam gelehrt, der den Interessen der Mächtigen und Reichen diente. So wurde der „Islam seines revolutionären, fortschrittlichen und humanen Inhalts beraub(t).“[84]

2. Muawija reißt das Kalifat an sich und errichtet eine Dynastie

2.1. Das Kalifat Muwaijas

Nach der Ernennung des ältesten Sohns Alis und Fatimas, Hassan, zum Kalifen zog Muawija mit einer Armee zum Sitz des Kalifen und machte die Kommandeure Hassans mit Bestechung und Intrigen abspenstig.[85] Hassan erklärte sich bereit, das Kalifat an Muawija zu übergeben - allerdings mit der Bedingung, dass dieses nach dem Tod Muawijas wieder an ihn zurückfallen sollte. Muawija riss das Kalifat auf diese Art und Weise an sich und erklärte den Vertrag mit Hassan für ungültig.

Muwaija wollte die Politik von der Religion trennen. Der Kalif sollte nicht mehr für die Einhaltung der religiösen Gesetze zuständig sein, was aber im Widerspruch zum Amt des Kalifen als einen Nachfolger des Propheten Gottes stand. Inoffiziell sprach Muawija bereits von einer Monarchie.[86] Er erwählte letztlich auch seinen Sohn Yazid zum Nachfolger.

Für die Schiiten gilt das fast 20-jährige Kalifat Muawijas (661-680 n. Chr.) als schlimmste Zeit in der Geschichte der Schia. Die friedliche Religionsausübung wurde ihnen unmöglich gemacht. Ihre Immunität

---

[84] Ebenda, S. 3

[85] Vgl. Tibi, Der wahre Imam 1996, S.79 f.

[86] Vgl. Tabatabai, Die Schia im Islam 1996, S. 23

wurde aufgehoben, sie mussten um Leib und Leben fürchten. Führende Personen der Schia wurden getötet und alle Schiiten gezwungen, Ali zu beschimpfen.

In dieser Zeit wurden viele Hadithe gefälscht, da Hadithe über das "Haus des Propheten" (*Ahl ul-Bait*) de facto verboten wurden und erfundene Hadithe, die die anderen Kalifen lobten, mit Belohnungen bedacht wurden. Um seinen Sohn Yazid als Nachfolger durchzusetzen, musste Muawija den Vertrag mit Hassan brechen, diesen beseitigen und potentielle Nachfolger aus dem Haus des Propheten beseitigen.

2.2. Die Dynastie der Umayyaden

Muawija hatte seinen Sohn Yazid, der keinerlei religiöses Interesse zeigte und ein Leben voller Ausschweifungen führte, als seinen Nachfolger durchgesetzt, wodurch er die Dynastie der Umayyaden (661-750 n. Chr.) begründete.

Yazid verübte in seiner dreijährigen Herrschaft furchtbare Verbrechen und Massaker. Im 1. Jahr seiner Herrschaft ließ er Hussain, den Enkel des Propheten, mit seinen Angehörigen und engen Gefolgsleuten töten.[87] Im darauffolgenden Jahr verübte seine Armee ein Massaker an den Einwohnern Medinas. Im Jahr darauf ließ er sogar die Kaaba verbrennen.

Nach dem Tod Yazids übernahm die Familie Marwan aus der Umayyaden-Dynastie das Kalifat.

Wenn man sich die Geschichte in der islamischen Welt seit diesen Ereignissen vor Augen hält, so wird deutlich, dass man diese als eine einzige große Abirrung vom wahren Islam betrachten kann. Für die Anhängerschaft Alis bedeutete dies fast immer Verfolgung und Übergriffe. Die Herrscher in der Dynastie der Ummayyaden (683-750 n. Chr.) schreckten nicht einmal davor zurück, ihren Ausschweifungen in unmittelbarer Nähe zur Kaaba zu frönen. Für die Anhängerschaft Alis war das Leben in dieser Zeit äußerst beschwerlich. Der deutliche Unterschied zwischen dem lasterhaften Treiben der Herrschenden in dieser Zeit und der Frömmigkeit und Reinheit der Anführer der *Schiat Ali* führte aber auch zur Ausbreitung der Schia in das Gebiet des heutigen Irak, in den Jemen und Iran. Die Unzufriedenheit mit der

---

[87] Die Ereignisse von Kerbela werden im IV. Teil, S. 76 ff., etwas ausführlicher dargestellt.

korrupten Ummayaden-Dynastie und der von ihr praktizierten Ungleichbehandlung von Arabern und Nichtarabern war weit verbreitet.

2.3. Die Dynastie der Abbassiden

Im Jahr 747 n. Chr. begann Abu Muslim Marwazi einen Aufstand gegen die Ummayaden. Er brachte zunächst den Iran unter Kontrolle, dann vertrieben die Anhänger der Abbasiden die Umayyaden aus dem Irak und im Jahr 750 n. Chr. wurde der letzte Herrscher der Ummayaden, Marwan, in Ägypten getötet, was den Sturz der Ummayadenherrschaft und die Machtübernahme der Abbasiden zur Folge hatte. Die Bewegung forderte Rache für das "Haus des Propheten" und trat in dessen Namen auf, wurde aber nicht von den Anführern der Schia angeführt oder gelenkt.

Bereits kurze Zeit nach der Machtübernahme begannen die Abbasiden jedoch, die Methoden der Ummayaden zu übernehmen. Sie ließen viele Mitglieder und Anhänger des „Hauses des Propheten" töten und schreckten auch nicht davor zurück, Abu Hanifa, den Begründer der hanafitischen Rechtsschule, und Ibn Hanbal, den Begründer der (sunnitischen) hanbalitischen Rechtsschule, auszupeitschen.[88] Unter dem abbasidischen Kalifen Harun erreichte das islamische Reich schließlich seine größte Ausdehnung, wobei sich die Situation der Anhängerschaft Alis allerdings nicht im Geringsten verbesserte.

Anfang des 9. Jahrhunderts christlicher Zeitrechnung machte sich bei den Anhängern der *Schiat Ali* Hoffnung breit. Der Kalif Mamun, der von 813-833 n. Chr. regierte, interessierte sich für wissenschaftliche und philosophische Fragen. Er bot dem 8. Imam der Schiiten, Ali ar-Ridha, die Nachfolge im Kalifat an, die dieser jedoch ablehnte. Er favorisierte auch in der Religion die rationale Begründung und stand der *Mutazila*-Schule nahe.[89]
Als Anhänger der *Mutazila*-Schule interessierte er sich für die

---

[88] Fiedler, Die Schia im Islam 20016, S. 60 ff.

[89] Die *Mutazila*-Schule gründete ihre Dogmatik auf die menschliche Vernunft. Im 9. Jahrhundert n. Chr. wurden zahlreiche Werke vom Griechischen ins Arabische übersetzt. Die von der griechischen Philosophie beeinflusste rationalistisch ausgerichtete *Mutazila*-Denkschule verbreitete sich rasch.

rationale Begründung in der Religion. Daher gewährte für argumentative Gespräche in den Religionen und Konfessionen weitgehende Freiheit. In der Folge intensivierte die Schia ihre Aktivitäten, nutzte die neu entstandenen Freiräume und verkündete die Wahrheit des "Hauses des Propheten". Als jedoch Mutawakkil das Kalifat übernahm, verschlechterte sich die Situation für die Anhängerschaft Alis rapide. Dieser hegte eine große Feindschaft bzw. einen Hass gegen Ali und das „Haus des Propheten". So ließ er auch die Ruhestätte Hussains, des 3. Imams der Schiiten, zerstören.

3. Die Herausbildung der Rechtsschulen

3.1. Die sunnitischen Rechtsschulen

Um Missverständnissen vorzubeugen, sei darauf hingewiesen, dass es bei der nun folgenden Darstellung nicht darum geht, die verschiedenen Rechtsschulen als Verfälschung des Islam zu brandmarken, sondern darum, eine Entwicklung aufzuzeigen. Nach dem Tod des Propheten kann man von zwei unterschiedlichen Lehrauffassungen sprechen, wobei die Anhänger Alis den Unterstützern des offiziellen Kalifen gegenüberstanden. Wenn es um theologische Fragen ging, wandten sich die Letzteren dennoch an Ali, der weiterhin theologische Autorität innerhalb der Muslime genoss.[90] Nach dem Ableben Alis entstanden zunächst theologische Schulen wie die Muʿtazila. Etwa 100 Jahre nach dem Tod des Propheten kamen dann zahlreiche Rechtsschulen auf, die sich - statt mit theologischen Fragestellungen - mit der praktischen Normenlehre beschäftigten. Dies geschah in einer Zeit des Machtvakuums, in der die Herrschaft der Umayyaden erschüttert wurde und die Abbasiden an die Macht drängten, was viele Gelehrte zur Verbreitung ihrer Ansichten nutzten. Bei den Sunniten sind heute vier dieser Rechtsschulen anerkannt: Die Hanafiten, die Abū Hanīfa (699-767 n. Chr.) folgen, die Malikiten, die sich an Mālik ibn Anas (715-795 n. Chr.) orientieren, die Schafi'iten, die Idrīs aš-Šāfiʿī (767-820 n.Chr.) folgen und die Hanbaliten, die Aḥmad ibn Ḥanbal (780-855 n. Chr.) nachahmen.

3.2. Die dschafaritische Rechtsschule

Die Zwölfer-Schiiten (*aš-Šīʿa al-iṯnā ʿašarīya*) führen ihre

[90] Vgl. Küng, Der Islam 2006, S. 210 ff., Tabatabai, Die Schia im Islam 1996, S. 136

Rechtsschule auf die zwölf Imame, insbesondere auf den sechsten Imam, Dschafar ibn Muḥammad aṣ-Ṣādiq (702-765 n. Chr.), zurück. Folglich ist er auch Namensgeber der Dschafaritischen Rechtsschule (Ǧaʿfarīya). Die genannten vier Gründer der sunnitischen Rechtsschulen waren alle Schüler von Dschafar aṣ-Ṣādiq, weshalb die dschafaritische Rechtsschule bei manchen Gelehrten auch als die ursprüngliche Rechtsschule betrachtet wird.[91] Dennoch verweigern viele Sunniten der dschafaritischen Rechtsschule bis heute die Anerkennung, obwohl es diesbezüglich sogar eine *fatwā* (religiöses Rechtsurteil) der Al-Azhar-Universität in Kairo, eine der wohl renommiertesten islamischen wissenschaftlichen Institutionen, gibt. Maḥmūd Šaltūt (1893-1963), ein sunnitischer Gelehrter und Direktor der Al-Azhar-Universität, gab in seiner *fatwā* Folgendes bekannt:

„Die dschafaritische Rechtsschule, die auch bekannt ist als Zwölfer-Schia, ist eine Rechtsschule, die im Gottesdienst zu befolgen genauso religiös akzeptabel ist, wie die Befolgung der anderen sunnitischen Rechtsschulen. Muslime müssen das wissen und sind verpflichtet, ungerechte Vorurteile gegenüber irgendeiner Rechtsschule zu unterlassen, zumal die Religion Allahs und das islamische Recht nie auf eine bestimmte Rechtsschule begrenzt wurden. Alle Rechtsgelehrten werden vom allmächtigen Allah akzeptiert, und jemandem, der nicht (selbst) Rechtsgelehrter ist, ist es erlaubt, sie nachzuahmen und das zu praktizieren, was sie in ihrer islamischen Rechtswissenschaft festlegen, und es gibt keinen Unterschied dabei bezüglich des Gottesdienstes und der Riten.[92]

3.3. Die Bedeutung des Idschtihad

Beim *Idschtihad* (*iǧtihād*) geht es um das Verfahren zur Rechtsfindung im Hinblick auf eine beliebige Fragestellung. Kann jeder gläubige Muslim bei der Suche nach der Antwort auf eine religiöse Frage den Koran und die Sunna zur Hand nehmen und sich ein Urteil dazu bilden, d.h. *Idschtihad* (selbständige Rechtsfindung) betreiben?

Bei den Anhängern der vier (sunnitischen) Rechtsschulen (Hanafiten, Malikiten, Schafi'iten und Hanbaliten) gilt das sogenannte *Tor zum Idschtihad* (Bemühung um ein eigenständiges Urteil) seit

---

[91] Vgl. Fiedler, Die Schia im Islam 2006, S. 116

[92] Schaltut, Mahmud; zitiert nach Brunner, Rainer: *Annäherung und Distanz*, S.219 f.

Jahrhunderten als geschlossen, was von vielen auf die Zeit von Abū Ḥāmid al-Ġazzālī zurückgeführt wird.[93] Alle religiösen Fragen wurden daher innerhalb der Rechtsschulen für geklärt betrachtet. Erst Mitte des 19. Jahrhunderts begannen einige islamische Denker[94], den *taqlīd* (Nachahmung einer Rechtsschule) in Frage zu stellen. Bereits Imam Abū Hanīfa, der Begründer der hanafitischen Rechtsschule, hatte diesbezüglich Folgendes bemerkt:

> „Es ist nicht richtig, wenn sich jemand unserer Auffassung anschließt, ohne zu wissen, wie wir dazu gelangt sind.2[95]

Ähnliche Aussagen gibt es auch von den Begründern der anderen drei sunnitischen Rechtsschulen. So äußerte sich z.B. Imam Mālik ibn Anas wie folgt:

> „Ich bin nichts weiter als ein Mensch. Es mag sein, dass ich mich irre, und es mag sein, dass ich recht habe. Prüft darum zuerst, was ich sage. Wenn es mit dem heiligen Buch und der Sunna übereinstimmt, könnt ihr es übernehmen. Wenn es aber nicht damit übereinstimmt, dann sollt ihr es zurückweisen.“[96]

Aus den Aussagen der Begründer der sunnitischen Rechtsschulen ist daher zu entnehmen, dass eine uneingeschränkte Orientierung an ihren Ansichten nicht zulässig ist. Insbesondere haben sie die Muslime davor gewarnt, ihnen gedankenlos zu folgen, ohne die islamischen Quellen selbst zu überprüfen.

Bei den Schiiten spielte die *Schule von Hilla* eine bedeutende Rolle bei der Vermittlung des Prinzips des *iğtihāds.*[97] Die beiden Gelehrten al-Muhaqqiq al-Hillī (gest. 1277) und al-Allama al-Hilli (gest. 1325) beschrieben das Konzept in ihren *uṣūl ul-fiqh*-Werken (Bücher über die Prinzipien der Rechtsfindung). Demnach ist nicht jeder einfache Gläubige zum *iğtihād* befähigt, sondern nur ein religiöser Experte bzw. Rechtsgelehrter (*muğtahid*). Begründet wird dieses Prinzip damit, dass das Streben nach Wissen eine Pflicht für

---

93 Ramadan, Said: *Das islamische Recht*, S. 77 ff.

94 Dieses Thema wird im Kapitel 3.1.4. behandelt.

95 Hanifa, Abu Al Scha'rani: *Al-Mizan*, S. 51, zitiert nach Ramadan, Said: *Das islamische Recht*, S. 93.

96 Al-Schakani, *Al Qawl al-Mufid fil-Ijtihad wa't-Taqlid*, S. 15-27, zitiert nach Ramadan, Said: *Das islamische Recht*, S. 94.

97 Vgl. Halm, Heinz: *Die Schia*, S. 84-90.

jeden Muslim ist. Ein Muslim ist somit verpflichtet, die Gebote zu kennen und sich religiöses Wissen anzueignen. Wissen über die Prinzipien der Religion kann und muss sich jeder persönlich aneignen, jedoch nicht über die religiösen Urteile, Gebote, Verbote und Gesetze. Die argumentative Jurisprudenz benötigt (beispielsweise durch den Umgang mit Originaldokumenten) spezielle Kenntnisse. Es sind daher in diesem Bereich diejenigen, die über die Fähigkeiten und Eignungen verfügen, von den in diesem Bereich Unwissenden zu unterscheiden. Letztere müssen sich daher auf einen Experten in diesem Gebiet, einem *muǧtahid*, beziehen. Obwohl die einfachen schiitischen Theologen oft als *Mullahs* bezeichnet werden, gibt es für die *muǧtahid* Ehrentitel, wie *ḥuǧǧat al-Islām* (Autorität des Islams) oder *āyat Allāh* (Zeichen Gottes). Sogenannte *marǧaʿ at-taqlīd* (Vorbild der Nachahmung) oder *āyat Allāh al-ʿuẓmā* (Größtes Zeichen Gottes) gelten daher als die letzte theologische Instanz. Alle diese Titel werden von keiner Instanz vergeben, vielmehr sind es Ehrentitel, die einem *muǧtahid* von den Gläubigen angetragen und von anderen *muǧtahids* bestätigt werden.

Nach schiitischer Lehrmeinung kann der einfache Gläubige keinen *iǧtihād* betreiben kann, sondern nur der *muǧtahid.* Der Gläubige orientiert sich somit beim Auftreten einer beliebigen Fragestellung an dem meistwissenden Rechtsgelehrten seines Verständnisses. Die Schia gestattet normalerweise keine primäre Nachahmung eines verstorbenen *marǧaʿ at-taqlīd.* Möglich ist nur die sekundäre Nachahmung über einen lebenden *muǧtahid*, der die weiter andauernde Nachahmung eines verstorbenen Gelehrten für zulässig erklärt. Der *muǧtahid* erstellt bei der Anfrage eines Gläubigen ein Rechtsgutachten (*fatwā*). Ein anderer *muǧtahid* kann aber zu dieser Frage im Laufe der Zeit ein anderes Gutachten erstellen. Im islamischen Recht, wie es die Schia auffasst, existieren somit Spielräume für die Interpretation der Normen und neue Sachverhalte. Das verleiht der Rechtsfindung bei den Schiiten einen dynamischen Charakter.

4. Die Verfälschung der Religion zur Legitimierung von Ausbeutung und Herrschaftsansprüchen

Im Folgenden soll kurz aufgezeigt werden, wie der Islam nach dem Tod Imam Alis und der Errichtung der Dynastien zu einer Religion für die Reichen und Mächtigen verkam.

Nach der friedlichen Einnahme Mekkas stellte sich die alte

Oberschicht Mekkas auf die neue Situation ein, ging zur äußeren Anpassung über und versuchte durch besonders eifriges Eintreten für den Islam Vertrauen zu gewinnen.[98] Ihr Reichtum und Einfluss waren weiterhin vorhanden, „ihren Anspruch auf die Führung [hatten sie] .. nicht aufgegeben."[99] In dieser Oberschicht spielte die Familie der Umayyaden eine besondere Rolle: „Unter der alten Führungsschicht, die nach der Niederlage von Mekka rasch wieder nach oben strebte, war die Familie der Umayyaden[100] am erfolgreichsten. Sie hatte bereits im gemeinsamen Kampf der Koraischiten gegen Muhammad eine Führungsrolle gespielt und versuchte, diese Position nach dem Machtwechsel in der islamischen Gemeinschaft wieder einzunehmen."[101] Wie in diesem Buch dargestellt, gelang es den Ummayyaden nach der Machtergreifung eine Dynastie zu errichten. Es wurden z.B. Hadithe erfunden und alles getan, um Imam Ali und den wahren Islam zu diskreditieren.

Die Religion wurde missbraucht und zur Legitimierung der Herrschaft einer Familie bzw. einer Dynastie benutzt. In gewisser Weise setzt sich dies bis zum heutigen Tag fort, wenn man sich z.B. die Monarchien und Diktaturen in der islamischen Welt, insbesondere am Persischen Golf, genauer ansieht. Natürlich gab es zu allen Zeiten auch die wahren Anhänger Alis, die die Fahne der wahren Religion – oft in finsteren Zeiten – hochhielten. Im 19. Jahrhundert entstand zudem der Wahhabismus, der als eine extremistische Interpretation mit dem von ihm inspirierten Salafismus im 20. und 21. Jahrhundert bei vielen Muslimen außerhalb Saudi-Arabiens an Einfluss gewann. In der Folge prägte diese Deutung des Islam, die in der saudi-arabischen Fahne (dem Glaubensbekenntnis mit dem Schwert) ihren prägnanten Ausdruck findet, das Bild vom Islam im Westen. Zum einen galt der Islam schon im 19. Jahrhundert als rückständig, heute als mittelalterlich. Zum anderen wird er auch mit dem Terrorismus in Verbindung gebracht. Dieses Bild vom Islam steht allerdings im völligen Widerspruch zu einem Islam, wie er von Imam Ali verstanden wurde.

---

[98] Vgl. Schreiner (Hg.), Der Imam 1982, S. 20

[99] Ebenda

[100] Eine andere Schreibweise für Umayyaden.

[101] Schreiner (Hg.), Der Imam 1982, S. 20

5. Die Suche nach dem wahren Islam

5.1. Die *Nahda*-Bewegung bei den Sunniten

Seit Beginn des 19. Jahrhunderts kann ein verstärktes Nachdenken über die Rückkehr zu einem reinen Islam, wie er zu Zeiten Mohammeds und Alis gelebt wurde, konstatiert werden.[102] Vor etwa 150 Jahren begannen islamische Denker damit, auf die Herausforderung durch die europäische Aufklärung bzw. durch die *kulturelle Moderne* zu reagieren. Die Bewegung dieser Denker zur Modernisierung des Islams wird auch *Nahḍa*-Bewegung genannt. Seit jener Zeit wird diese Denkweise als eine große geistige Bewegung betrachtet, die die Grundwerte des Islams mit der Moderne verbindet. Die wichtigsten Vertreter dieser Ansichten im 19. Jahrhundert waren Ǧamāl ad-Dīn Asadābādī bzw. al-Afġānī (1838-1897) unter den Schiiten und Muḥammad Abduh (1849-1905) unter Sunniten. Diese Denker waren der Auffassung, dass es keinerlei Widerspruch zwischen Verstand und Offenbarung geben könne. Die Bedeutung der Ansichten von Ǧamāl ad-Dīn machte der muslimische Dichter, Mystiker, Philosoph und politischer Denker Muḥammad Iqbāl wie folgt deutlich:

> „Der erste Mensch, [...] dessen tiefe Einsicht in die innere Bedeutung der Geschichte des muslimischen Denkens und Lebens, verbunden mit einer breiten Vision, die von seiner weit gespannten Erfahrung von Menschen und ihrer Art hervorgebracht wurde, ihn zu einem lebendigen Bindeglied zwischen Vergangenheit und Zukunft gemacht hätte, war Ǧamāl ad-Dīn al-Afġānī. Hätte sich seine unermüdliche und dennoch verstreute Energie ganz dem Islam als einem System menschlichen Glaubens und Verhaltens widmen können, stünde die Welt des Islams, intellektuell gesprochen, heutzutage auf viel festerem Grund.“[103]

Angesichts des europäischen Kolonialismus und Imperialismus forderte er die Rückkehr zu den Wissenschaften, welche zu den Errungenschaften der Anfangszeit des Islams gehörten, aber durch den Traditionalismus verlorengingen. Es ging ihm somit nicht um die Übernahme einer anderen Kultur, sondern um die Rückbesinnung auf

---

[102] Kaweh, Ali Schariati, S. 22

[103] Iqbal, Muhammad: *Die Wiederbelebung des religiösen Denkens im Islam*, S. 124.

die eigene unverfälschte Religion.[104] Ǧamāl ad-Dīn verdeutlichte dies wie folgt:

> „Die islamische Religion ist von allen Religionen der Wissenschaft und dem Wissen am nächsten. Zwischen Wissen, Wissenschaft und den Fundamenten des islamischen Glaubens gibt es keine Unvereinbarkeit."[105]

In der Tat war der Islam in der Anfangszeit eine Religion, die nicht (wie in Europa) in Widerspruch zur Wissenschaft geriet. Vielmehr förderte der Islam die Wissenschaft, was beispielsweise in ihrer Blütezeit auch zur Aneignung der griechischen philosophischen Tradition führte. Der nicht hinterfragenden Befolgung der Tradition, wie sie bspw. in den vier sunnitischen Rechtsschulen zum Ausdruck kommt, standen sie ablehnend gegenüber. Stattdessen sollten sämtliche Auffassungen der Rechtsgelehrten, die im Verlauf von Jahrhunderten als Bestandteile des Glaubens fixiert wurden, durch den menschlichen Verstand überprüft werden, wobei nur rational vertretbare Positionen beibehalten werden sollten. So trat Ǧamāl ad-Dīn in einem Briefwechsel mit dem französischen Philosophen Ernest Renan der Auffassung Renans entgegen, dass der Islam mit dem Fortschritt nicht vereinbar sei und im Widerspruch zur Moderne stehe. Al-Afġānī warnte in diesem Brief vor Verallgemeinerungen, kritisierte den momentanen Zustand des Islams und betonte die völlige Vereinbarkeit des frühzeitlichen Islams mit der Moderne.[106] Immer wieder forderte Ǧamāl ad-Dīn einen reformierten und modernisierten Islam, wobei man sich auf den Islam der Vorväter zurückbesinnen sollte.[107] Al-Afġānī stellte in diesem Zusammenhang immer wieder den Bezug zu Luther her. Die islamische Widerstandsbewegung sollte sich demnach in Anlehnung an die Reformation Luthers gegen den Kolonialismus herausbilden.[108]

Der Ägypter Muḥammad ʿAbduh (ein Schüler al-Afġānīs), der von vielen Salafisten in der Gegenwart als Modernist betrachtet wird, förderte mit seiner Idee der Rückbesinnung auf den vorbildlichen

---

[104] Vgl. Hafez, Farid: *Islamisch-politische Denker*, S. 95.

[105] *Al-Afġānī,* zitiert nach Hafez, *Farid: Islamisch-politische Denker,* S. 96.

[106] Nikki, Keddie: *An Islamic Response to Imperialism: Political and Religious Writings of Sayyid Jamal al-Din al-Afghani*, S. 43.

[107] Nikki, Keddie: *An Islamic Response to Imperialism: Political and Religious Writings of Sayyid Jamal al-Din al-Afghani*, S. 46.

[108] Vgl. dazu Hafez, Farid: *Islamisch-politische Denker*, S. 96.

Lebenswandel der islamischen Vorfahren die Idee der *Salafiyya.*[109] Dadurch sollten nicht nur die Differenzen zwischen Sunniten und Schiiten, sondern alle Spaltungen in der islamischen Welt überwunden werden.[110] Abduh ist geistiger Vater beider Formen islamischer Modernisierung, der säkularistischen wie der islamistischen.[111] Das hängt damit zusammen, dass die Frage nach der Reformation des Islams zwangsläufig zur Frage bzw. Suche nach dem wahrem Islam führt.

Bei islamischen Reformern wie al-Afġānī oder ʿAbduh spielte der *iǧtihād* eine bedeutende Rolle, insbesondere im Verlauf der Auseinandersetzung mit europäischen Philosophien der Aufklärung. Der *iǧtihād* wurde als Möglichkeit angesehen, die islamische Rechtsprechung auf die Grundlage der Vernunft zu stellen. Der empfundene Stillstand bzw. die Lähmung wurde auf den *taqlīd*, das von den Rechtsschulen praktizierte Prinzip der bloßen Nachahmung, zurückgeführt. Die sogenannte *Öffnung des Tors zum iǧtihād* wurde als Möglichkeit gesehen, um ein neues religiöses Selbstbewusstsein für die islamische Gesellschaft zu entwickeln.

Die *Nahḍa* spaltete sich später in eine säkulare und eine salafistische Strömung. Der geistige Führer der Säkularen war der Ägypter ʿAlī ʿAbd ar-Rāziq (1888–1966). Bis in die Gegenwart hinein berufen sich als *Reform-Muslime* betitelte liberale Muslime auf seine Ansichten. In seinem 1925 erschienenen Buch mit dem Titel *Islam und die Grundlagen der Herrschaft* versuchte er eine islamische Begründung des Säkularismus aufzuzeigen.

Dagegen wurde Muḥammad Rašīd ibn ʿAlī Riḍā (1865–1935) zur Führungsfigur der Salafisten (arab. *Salaf*: Altvordere), die der festen Überzeugung sind, dass der wahre, unverfälschte Islam in der Zeit vom siebenten bis zum neunten Jahrhundert praktiziert worden sei. Das Verhalten bzw. die Handlungen der ersten drei Generationen des Islams ist für sie daher ein nacheiferungswürdiges Ideal. Es wird von ihnen nicht zur Kenntnis genommen, dass es in jener Zeit heftige Differenzen um die politische und geistige Führung der *Umma* gab und sich dabei zwei unterschiedliche Linien herausgebildet hatten. Stattdessen rechtfertigen sie die Machtergreifung Muʿāwiya ibn Abī

---

[109] Daher ist er als wichtiger Denker in der salafistischen Bewegung selbst zu sehen, obwohl sein theologisches Denken von dem Bemühen gekennzeichnet war, die grundlegende Vereinbarkeit von Offenbarung und Vernunft zu belegen.

[110] Vgl. Kadeh, Ali Schariati interkulturell gelesen 2005, S. 23

[111] Meier, Andreas: *Politische Strömungen im modernen Islam*, S. 28.

Sufyāns, welche durch einen Aufstand gegen den rechtmäßigen Kalifen ʿAlī ibn Abī Ṭālib erfolgte. Obwohl auch Muʿāwiyas Lebensführung im völligen Widerspruch zu den islamischen Geboten steht, verteidigen sie ihn und bewerten eine Kritik an Muʿāwiya als Angriff auf den Islam.[112] Hier wird deutlich, dass sie nicht der Religion der Barmherzigkeit, wie er vom Propheten Muḥammad und ʿAlī verkündet wurde, folgen, sondern einem eigenen Konstrukt, wobei sie noch glauben, dass sie allein im Besitz der Wahrheit wären und alle anderen Muslime einen falschen Islam praktizieren würden.

Im Salafismus können drei unterschiedliche Strömungen unterschieden werden: Neben den Puristen, die sich allein der Verkündigung der wahren Lehre widmen und Gewalt ablehnen, sind dies noch der politische und der dschihadistische Salafismus. Die Salafisten übernahmen viele der Ideen von Muḥammad ibn ʿAbd al-Wahhāb (1703-1792).[113] Auf der Suche nach einer Lösung für die empfundene Stagnation seiner Zeit wandte sich Muḥammad Rašīd ibn ʿAlī Riḍā immer mehr der islamischen Frühzeit bzw. der *unverfälschten Form* von Koran und Sunna zu. Schließlich forderte er auch die Wiedererrichtung des Kalifats.

5.2. Die Schiiten und die Frage der gerechten Regierung

5.2.1. Die Zwölfer-Schia

Die überwältigende Mehrheit der Schiiten (gegenwärtig etwa 110 Millionen von 150 Millionen)[114] stellt die Zwölfer-Schia (*aš-Šīʿa al-iṯnā ʿašarīya*) dar. Wie alle anderen islamischen Strömungen auch vertritt die Zwölfer-Schia die feste Überzeugung, dass der Prophet Muḥammad das Siegel der Propheten (letzte Prophet) ist. Im Gegensatz zu den Sunniten sind sie jedoch der festen Überzeugung, dass die göttliche Führung, richtiges Koran-Verständnis und wahre Interpretation der Überlieferungen nach dem Tod des Propheten Muḥammad durch zwölf Treuhänder und Nachfolger (Zwölf Imame), die unter göttlicher Leitung stehen und die den Glauben in der richtigen Art und Weise vermitteln, gewährleistet wird. Ihr Auftrag besteht darin, die offenbarte Wahrheit (Koran und die Sunna des

---

112 Vgl. Khorchide, Mouhanad: *Scharia – Der missverstandene Gott*, S. 156.

113 Der im Jahr 1703 n. Chr. in einem Dorf (Aiyana) in der Wüste Nadschd auf der Arabischen Halbinsel geborene Muhammad ibn al-Wahhab gilt als der Begründer des Wahhabismus.

114 Vgl. Fiedler, Markus: *Die Schia im Islam*, S. 15 f.

Propheten) zu bewahren sowie sie vor Irrtümern bzw. Abweichungen zu schützen. Aufgrund der großen Verantwortung der Imame können sie nicht von Menschen, sondern müssen von Gott auserwählt werden. Folglich gelten diese zwölf Personen in der schiitischen Lehre als frei von jeglichen Irrtümern und Sünden. Der Führungsauftrag (*imāmat*) wird hierbei an die direkten männlichen Nachkommen der Familie des Propheten (aus der Ehe der Prophetentochter Fāṭima mit ʿAlī ibn Abī Ṭālib) weitergegeben, während die absolute Reinheit (*'iṣmah*) neben den Zwölf Imamen auch eine Eigenschaft des Prophet Muḥammad und seiner Tochter Fāṭima betrachtet wird. Das *imāmat* beginnt unmittelbar nach dem Tod des Propheten Muḥammad im Jahr 632 n.Chr. und besteht seitdem im Jahre 941 n.Chr. in der großen Entrückung verweilenden zwölften Imam Muḥammad al-Mahdi bis zum heutigen Tag an. Der Lehre der Zwölfer-Schiiten folgte seit der Entstehung der Schia die gewaltige Mehrheit der Schiiten.

5.2.2. Das *Imāmat*

Das *Imāmat* (Führungsauftrag) wird nach schiitischer Auffassung als die Fortführung des prophetischen Auftrags betrachtet, um die Grundpfeiler des Islams (Koran und die Sunna des Propheten) zu bewahren sowie sie vor Irrtümern bzw. Abweichungen zu schützen. Da die göttlichen Offenbarungen des Islams, die durch die Gesandtschaft des Propheten Muhammad vervollständigt wurden, lediglich durch jene Menschen (Imame) unverfälscht und einwandfrei bewahrt werden können, müssen die Nachfolger des Propheten nach schiitischer Auffassung ebenfalls frei von jeglichen Irrtümern und Sünden sein. Das *imāmat* findet in dem sogenannten *wilāya*-Vers wie folgt Erwähnung im Koran:

> „Euer Schutzherr ist Gott, und Sein Gesandter, und die Gläubigen, die das Gebet verrichten und die Abgabe entrichten, während sie sich verneigen.“[115]

Das Imamat ist der Schia zufolge – ebenso wie das Prophetentum – ein von Gott verliehenes und damit heiliges Amt. Obwohl der Prophet seinen Nachfolger der islamischen Gemeinschaft öffentlich vorgestellt

---

[115] Koran 5:55.

hat, sind die Imame der Schia zufolge letztlich von Gott selbst auserwählt und in das Amt eingesetzt worden. Ebenso wie die Berufung zum Propheten nicht rückgängig gemacht werden kann, so bleibt auch die Einsetzung in das Imamat bestehen. Nach dem schiitischen Gelehrten ʿAllāma Muḥammad Ḥusain Ṭabāṭabāyī ist ein Imam „diejenige Person, die für den Schutz und die Bewahrung der himmlischen Religion zuständig ist und von Gott für dieses Amt bestimmt wurde.“[116]

Während dem Propheten die göttliche Botschaft bzw. die göttlichen Ge- und Verbote eingegeben werden, ist der Imam demnach vorwiegend mit dem Schutz der göttlichen Offenbarung betraut. Schiitischen Gelehrten zufolge fallen folgende Themen in den Verantwortungsbereich eines Imams:

> „[…] die Erklärung und Exegese der islamischen Gebote, das Wachen über die Wahrheiten und Botschaften des Korans, die Führung der Menschen zu ihrem Seelenheil und die Rechtleitung, welche die praktische Leitung der individuellen Lebensführung und des Gemeinwesens der Muslime umfasst.“[117]

Der Schia zufolge übernahmen die Imame nach dem Dahinscheiden des Propheten Muḥammad dessen Funktion in der Erklärung und Interpretation der göttlichen Botschaft:

> „Die Schia ist davon überzeugt, dass nach dem Gesandten Gottes ein von Gott bestimmter Imam gegeben sein muss, der für den Schutz der religiösen Weisungen, Maximen und Wissensdinge sorgt und verantwortlich ist. Der den Menschen auf den rechten Weg, den Weg zu Gott, führt.“[118]

Die Imame haben zwar die göttlichen Ge- und Verbote und auch andere Lehren vom Propheten und ihren Vorgängern im Imamat mitgeteilt bekommen, erhalten aber das für ihren eigentlichen Auftrag, der Erklärung und Deutung der göttlichen Botschaft, notwendige Wissen jedoch nicht durch Erziehung oder Ausbildung, sondern durch

---

[116] Tabatabai, Muhammed Hussain: *Die Schia im Islam*, S. 137.

[117] Ramezani, Reza: „*Das Wesen der Schia Teil I*“, in: Spektrum Iran 3/2014, S. 11.

[118] Tabatabai, Muhammed Hussain: *ABC des Islam*, S. 155.

göttliches Wissen, das ihnen eingegeben wird.[119] Nach der Auffassung der Schia können nur die unfehlbaren Imame eine solche göttliche Offenbarung erhalten, da sie sich durch ihre vorbildliche und fehlerfreie Lebensweise auszeichnen.

Allah hat die Schutzherrschaft (*wilāya*) an die Propheten und ihre Nachfolger übergeben.[120] Obwohl Allah als Inhaber der absoluten *wilāya* tun kann was Er will, überträgt er Seine Schutzherrschaft lediglich den vollkommensten unter den Menschen. Der Begriff *wilāya* verdeutlicht vor allem den Aspekt der rationalen Notwendigkeit des Gehorsams gegenüber dem Schutzherrn, da sie sowohl frei von Sünden und Fehlern als auch die Meistwissenden sind. Deswegen werden sie in der Sure *an-Nisā'* als Befehlshaber erwähnt, sodass die Gläubigen wie folgt zum Gehorsam ihnen und dem Propheten gegenüber aufgerufen werden:

> „O ihr, die ihr glaubt, gehorchet Gott und gehorchet dem Gesandten und den Befehlshabern unter euch. […]“ [121]

An dieser Stelle muss daher betont werden, dass nur jene Menschen befähigt sind, Menschen zu befehligen, die - ebenso wie der Prophet - eine tiefe Beziehung zu Gott besitzen. Folglich werden Gott, der Prophet und die Befehlshaber hierarchisch nacheinander erwähnt. Ebenso wird verdeutlicht, dass der Mensch nicht jedem Machthaber gegenüber gehorsam sein darf. Vielmehr haben jene, die fehlerfrei, vollkommen und rein sind, eine göttliche Befugnis zu herrschen. Die anderen Herrscher dürfen ihre Herrschaft daher nicht mit Gott in Verbindung bringen.

Nach schiitischer Auffassung hat der Prophet bei dem Ereignis von Ghadir Khumm Ali als seinen Nachfolger vorgestellt. Auf Alī wiederum folgen gemäß der Zwölfer-Schia elf weitere unfehlbare Imame. Von Seiten der Schia wird hier auf zahlreiche Hadithe verwiesen, in denen der Prophet die Namen der Imame genannt hat.[122] Als Nachfolger der Propheten sind sie auch zur weltlichen Herrschaft befugt und haben daher - neben der Führung der Gesellschaft - auch

---

[119] Vgl. Ramezani, Reza: „*Das Wesen der Schia Teil I*“, in: Spektrum Iran 3/2014, S. 27.

[120] Vgl. Ramezani, Reza: „*Das Wesen der Schia Teil I*“, in: Spektrum Iran 3/2014, S. 28.

[121] Koran 4:59.

[122] Vgl. Ramezani, Reza: „*Das Wesen der Schia Teil I*“, in: Spektrum Iran 3/2014, S. 31, Anm. 10.

die Aufgabe, die Leitung des geistig-religiösen Lebens zu übernehmen. Schließlich verfügt der Mensch neben einem "äußeren" Leben auch über ein geistiges, "inneres" Leben. Folglich sind sowohl die schlechten als auch guten Taten im Inneren des Menschen maßgebend für das zukünftige, jenseitige Leben. Gott hat den Menschen daher durch Offenbarung und Prophetentum Ge- und Verbote in ihrer Sprache übermittelt. Auch wenn der Mensch die Bedeutung der Ge- und Verbote zunächst vielleicht nicht vollständig versteht, sind sie für seine weitere Entwicklung jedoch von größter Bedeutung. Aufgrund dessen verdeutlichen die Imame durch die Auslegung der göttlichen Botschaft die wahren Folgen der menschlichen Handlungen.
Die Zwölfer-Schiiten sind der Überzeugung, dass Muḥammad al-Mahdī, der Sohn des elften Imam Ḥasan al-ʿAskarīs, bereits als Kind von Gott in Verborgenheit gesetzt worden ist uns seitdem in diesem Zustand verweilt. Der zwölfte Imam hielt zunächst durch vier aufeinanderfolgende Botschafter Kontakt mit der schiitischen Gemeinde. Dieser Zeitabschnitt von 874-941 n.Chr. wird als die *kleine Verborgenheit* (*ġaiba aṣ-ṣuġrā*) bezeichnet. Seitdem befindet er sich bis zum heutigen Tag in der *großen Verborgenheit* (ġaiba al-kubrā). Die Zwölfer-Schiiten glauben, dass er am Ende der Zeit wiederkehren wird, um die Aufgabe des Propheten zu vollenden und ein Reich der absoluten Gerechtigkeit auf Erden zu errichten. Seinem Erscheinen gehen Ereignisse wie Erdbeben, Mond- und Sonnenfinsternis sowie die Auferstehung der Toten voraus. Der Rückkehr Imam Mahdīs geht wiederum die Wiederkunft von Jesus (ʿĪsā) voraus und hat somit ihren Platz im Ablauf der endzeitlichen Ereignisse. Da der zwölfte Imam in der Verborgenheit weilt, kommt bei den Schiiten der Frage, wer ihn in der Zeit seiner Abwesenheit vertritt, eine besondere Bedeutung zu. Gemäß der Verfassung der Islamischen Republik Iran ist der zwölfte Imam sogar das eigentliche Staatsoberhaupt. Der Klerus, der durch die Menschen des Landes gewählt wird, regiert nach dieser Auffassung nur in Stellvertretung des zwölften Imams - bis zu dessen Wiederkehr aus der Verborgenheit. Dieses Regierungssystem wird in der Fachsprache auch als *Statthalterschaft des Rechtsgelehrten* (*welāyat-e faqīh*) bezeichnet.[123]

---

[123] In dem Kapitel „Der Islamische Staat bei den Schiiten“ wird diese Thematik ausführlicher behandelt.

5.2.3. Wer herrscht in der Zeit der Abwesenheit des 12. Imams?

Im schiitischen Denken geht es nicht - wie bei vielen Sunniten, insbesondere Salafisten - um die Einführung eines Kalifats, sondern um die Frage, wer den in der Verborgenheit weilenden Imam in der Zeit seiner Abwesenheit vertritt. Mit der *Islamischen Revolution* im Jahr 1979 entstand im Iran ein Staat, der sich als Islamischer Staat versteht und dessen Staatsoberhaupt der in der großen Verborgenheit lebende zwölften Imam al-Mahdī ist.

Im September des Jahres 1978 eskalierten im Iran die Massendemonstrationen gegen das Regime von Schah Mohammad Reza Pahlavi (gest. 1980). Bei massiven Protesten ließ der Schah am 8. September 1978, der als *Schwarzer Freitag* in die Geschichte einging, auf unbewaffnete Demonstranten schießen, wobei es Hunderte Tote gab. Trotz Demonstrationsverbots forderten über zwei Millionen Demonstranten am 2. Dezember 1978 in Teheran den Rücktritt des Schahs und die Rückkehr von Ayatollah Ruhullah Khomeini aus dem Exil. Daraufhin verweigerte das Militär dem Schah mehr und mehr die Gefolgschaft, sodass sich der Schah am 16. Januar zur Flucht aus dem Iran entschloss. Als Ayatollah Khomeini am 1. Februar 1979 aus dem französischen Exil in den Iran zurückkehrte, wurde er von Millionen Menschen begeistert begrüßt. Mit dem Sieg der *Islamischen Revolution* wurde die SAVAK[124] aufgelöst, politische Gefangene befreit sowie Symbole der tyrannischen Schahherrschaft zerstört. Damit brach die Herrschaft des Schahs endgültig zusammen. Als Folge der politischen Entwicklungen ging die Islamische Republik Iran als ein Staat hervor, dessen Staatsoberhaupt der in der Verborgenheit weilende zwölfte Imam der Zwölferschiiten, Imam Mahdi, ist.[125] Bis zu seinem Erscheinen wird er von einem geeigneten Gelehrten (*faqīh*) vertreten, der über gewisse Eigenschaften und Qualifikationen verfügen muss. Dieses Konzept der *Statthalterschaft der Rechtsgelehrten* (*welāyat-e faqīh*) wurde von Ayatollah Khomeini 1963 in seinem gleichnamigen Buch

---

[124] SAVAK: Der durch seine Folterpraxis berüchtigte Nachrichtendienst Irans zur Zeit der Pahlavi-Herrschaft.

[125] Vgl. Verfassung der Islamischen Republik Iran, Grundsatz 5.

herausgearbeitet.[126]

Als Zäsur für die islamische Welt gilt heute das Ende der klassischen arabischen Philosophie im zwölften Jahrhundert. Das Platon und Aristoteles erst über die islamische Welt wieder nach Europa kamen und dort die europäische Renaissance inspirierten, mag für viele Europäer überraschend sein. Die Verwerfung der Philosophie hatte bei den Sunniten jedoch eine lange Zeit des religiösen Stillstandes zur Folge. Die menschliche Vernunft müsse heute im Islam wieder eine zentrale Bedeutung gewinnen, so die Forderungen aus dem Westen. Es wurde in dieser Untersuchung deutlich gemacht, dass der Islam kein monolithischer Block ist. Bei den Schiiten ist die menschliche Vernunft (*aql*) eine Quelle des islamischen Rechts und bei ihnen hat auch die Philosophie eine große Bedeutung. Der Konflikt spielt sich hier innerhalb des sunnitischen Islams ab. Die islamischen Reformer um al-Afġānī und Muḥammad ʿAbduh hielten Vernunft und Offenbarung für vollständig miteinander vereinbar und forderten eine Modernisierung des Islams. Sie gerieten in Widerspruch zu den traditionellen sunnitischen Rechtsschulen, da sie für die erneute *Öffnung des Tors des iǧtihāds* plädierten. Die Forderung nach einer Reform führte sie auf die Suche nach dem wahren Islam. Aus ihrem Denken entstanden die beiden Strömungen *Salafismus* und *Reformislam*. Während die Reformmuslime oft westliche Ansichten übernahmen, die oft nicht mit dem Islam zu vereinbaren sind, konzentrieren sich die Salafisten auf die ersten Generationen (die frommen Altvorderen) des Islams, denen sie äußerlich nachzueifern versuchen. Doch wenn die Vorstellungen der ersten Muslime näher untersucht werden, stellt man fest, dass es auch in jener Zeit eine Auseinandersetzung zweier Linien innerhalb des Islams gab. Während die eine Seite neben religiösen Themen beispielsweise die gleiche Verteilung des Staatsschatzes anstrebte, strebte der andere nach Privilegien. Und so verteidigen die Salafisten heute ausgerechnet Muʿāwiya, der die erste Dynastie im Islam begründete. Da sich eine solche Lesart des Islams auf die Seite der Reichen und Mächtigen stellt, verwundert es nicht, dass sie heute die Unterstützung der reichen Golfstaaten genießen. Mit dem wahren Islam hat dies aber kaum etwas zu tun. Man muss zwar gerade heute darauf hinweisen, dass nur ein geringer Teil der Salafisten gewaltbereit ist, doch der ideologische Schaden bzw. die Verwirrung ist doch wohl groß genug. Die Folgen sind heute in der arabischen und islamischen Welt

[126] Vgl. Khomeini, Ruhullah: *Wilāyat Faqih.*

sichtbar, wenn auch ein großer Teil der Verwerfungen auf ausländische Interventionen, die sich der Differenzen der Muslime untereinander bedienen, zurückzuführen ist. Wenn sich heute jedoch eine große Zahl in der Weiterführung der Lehren des Propheten Muḥammad am wahren Islam orientieren würde, könnte auch die Einheit der Muslime wieder in den Blickpunkt geraten.

IV. Positionen und Potential der islamischen Befreiungstheologie

1. Der Islam und die Frage der Anwendung von Gewalt

1.1. Imam Ali und das Verbot des Angriffskriegs

Die Übereinstimmung von Imam Alis Worten und Taten mit dem in diesem Kapitel aufgezeigten „mittleren Weg" des Islams wird sowohl in seinen Predigten, Briefen und Reden als auch in seinen Taten deutlich. So weißt er im *Brief an Malik Al-Aschtar* seinen Gouverneur an, Blutvergießen zu vermeiden.[127] Ein Mensch darf demnach nur dann getötet werden, „wenn es nach den Regeln des Islam unumgänglich ist."[128] Er rät seinem Gouverneur weiterhin, sich mit Bestrafungen zurückzuhalten. Er solle sich auch nicht schämen, Vergebung zu zeigen.[129]

Bei Imam Ali ibn Abi Talib kann man weiterhin ein ganz eindeutig formuliertes Verbot der Führung eines Angriffskrieges finden. So hat Ali vor der Schlacht zu Siffin im Jahre 657n. Chr. seine Offiziere im Hinblick auf die Kriegsführung angewiesen, niemals selbst einen Krieg zu beginnen. „Gott liebt nicht das Blutvergießen. Kämpft nur in der Verteidigung. Greift niemals den Feind zuerst an; schlagt seine Angriffe zurück, aber dies kräftig, tapfer und mutig ... Verfolgt und tötet niemals jene, die aus dem Schlachtfeld oder aus dem Treffen fliehen. Das Leben ist ihnen teuer. Lasst sie leben, solange der Tod ihnen zu leben erlaubt. Tötet niemals einen Verwundeten, der sich nicht selbst verteidigen kann ... Verstümmelt niemals einen Toten, um ihn zu demütigen. Plündert und brandschatzt niemals. Belästigt und schändet niemals die Sittsamkeit einer Frau. Verletzt niemals eine Frau, selbst wenn sie euch verflucht oder verletzt. Verletzt niemals ein

[127] „Der Regierungsauftrag Imam Alis an Malik Al-Aschtar", in: Schreiner (Hg.), Der Imam 1982, S. 30

[128] Ebenda, S. 30

[129] Ebenda, S. 29

Kind. Verletzt niemals eine alte oder behinderte Person."[130] Hans-Peter Schreiner u.a haben dies als „eine vorweggenommene Genfer Konvention"' bezeichnet, „die Ali inmitten einer nur Brutalität gewohnten Umwelt forderte. Zum ersten Mal geht ein Staatsmann und Feldherr vom Angriffskrieg, vom offensiven Eroberungsfeldzug ab. Aber .. damit war Ali seiner Zeit voraus. Die Offensive seiner Gegner überrollte ihn."[131] Bei diesen Ausführungen Imam Alis wird deutlich, wie klar der Geist des wahren Islam bei Imam Ali zum Ausdruck kommt. Lange vor der *Haager Landkriegsordnung* werden hier auch Regeln für den Umgang mit dem Feind bei einem Kampf formuliert.
Ali orientierte sich dabei am Vorbild des Propheten Muhammad. Für den jüdischstämmigen Schriftsteller Essad Bey hat Muhammad als Erster in der Weltgeschichte „Gesetze humaner Kriegsführung" verkündet: „Was waren bis dahin die Kriege des Altertums? Wie wurden die Kriege der Araber geführt? Man überfiel den Feind, erschlug alle Männer seines Volkes, plünderte sein Eigentum, vergewaltigte die Frauen und schickte die Kinder in die Sklaverei, Andere Kriegsformen kannte das Altertum nicht. Auch die Bibel kennt den Krieg nur als endgültige Ausrottung des Feindes. Samuel der Prophet verkündet dem Volke der Juden: ‚Erschlaget die Amalekiter, vernichtet alles, was sie haben, schont sie nicht, tötet ihre Männer, Frauen, Kinder und Säuglinge. Vernichtet ihre Herden von Ochsen, Schafen, Kamelen und Eseln.' (1 Sam 15,3) Auch Ezechiel sagt: , Tötet alle: Alte und Junge, Mädchen, Kinder und Frauen (Ez 9,6) ... Er (Mohammed) stürzte alle Moralbegriffe des Altertums und verkündete den neuen humanen Krieg. Das Ziel Mohammeds war nicht die Eroberung, sondern die Organisierung der Welt. Zum erstenmal in der blutigen Geschichte der orientalischen Kriege entstand ein Herrscher, der den absoluten Wert des menschlichen Lebens anerkannte und öffentlich proklamierte: ‚Übe keine List und keinen Betrug im Feld. Töte keine Kinder', verkündete der Prophet. Mohammed befahl seinen Generälen: ‚Wenn ihr das feindliche Heer bekriegt, so unterdrücket nicht die friedlichen Einwohner des feindlichen Landes: Schonet die Schwäche des weiblichen Geschlechts und seit barmherzig zu den Säuglingen und Kranken. Zerstöret nicht die Häuser der Bevölkerung, vernichtet nicht ihre Felder, Gärten und Palmen.' Wichtiger als der Erlaß dieser Befehle ist aber die Tatsache, dass Mohammed seiner Umgebung die Einhaltung dieser Gebote tatsächlich aufgezwungen hat." (Bey, Mohammed

[130] Imam Ali, zitiert nach Schreiner (Hg.), Der Imam 1982, S. 24

[131] Schreiner (Hg.), Der Imam 1982, S. 24

1993, S. 306 f.)

1.2. Der mittlere Weg in der Frage der Gewaltanwendung

Wie verhält sich das heilige Buch der Muslime zur Frage der Gewaltanwendung? Verbietet der Koran Gewalt überhaupt oder erlaubt er sie unter bestimmten Umständen? Der Koran selbst macht darauf aufmerksam, dass es in diesem Buch deutliche und mehrdeutige Passagen gibt – die schlechteren Menschen würden sich auf die unklaren Stellen stützen: „Er [Gott; M.F.] ist es, Der auf Dich das Buch herabsandte. In ihm sind eindeutige Verse – sie sind die Mutter des Buchs – und andere, mehrdeutige. Diejenigen nun, deren Herzen zum Abweichen neigen, suchen vor allem das Mehrdeutige darin, um Uneinigkeit zu verursachen und es (nach eigenem Gutdünken) auszulegen. Seine Deutung kennt aber niemand außer Allah." (Sure 3,7) Gemäß der Erläuterung des Korans müssen unklare Stellen des Buches stets im Zusammenhang mit den eindeutigen Versen interpretiert werden. Es ist daher auch nicht zulässig, einzelne Koranverse aus dem Zusammenhang zu reißen - vielmehr müssen zur Klärung einer Frage alle zu diesem Thema aufzufindenden Passagen herangezogen werden. Eine weitergehender Schritt ist der Versuch einer zeitlichen Reihenfolge der zu einer Frage aufzufindenden Stellen. Auf diese Art und Weise muss nach dem islamischen Recht vorgegangen werden, um zur Lösung eines Problems zu gelangen.[132] Wie sieht nun der mittlere Weg in der Frage der Anwendung von Gewalt aus? Wir haben gesehen, dass es nach dem Koran im heiligen Buch der Muslime eindeutige und mehrdeutige Verse gibt (wobei die mehrdeutigen durch die eindeutigen zu interpretieren sind). In einem eindeutigen Vers, in Sure 16,90, wird die Gewaltausübung im Allgemeinen untersagt: „Siehe, Allah gebietet, Gerechtigkeit zu üben, Gutes zu tun und die Nahestehenden zu beschenken. Und Er verbietet das Schändliche und Unrechte und Gewalttätige. Er ermahnt euch, euch dies zu Herzen zu nehmen." Darf nun nach dem Islam überhaupt keine Gewalt angewendet werden? Unter bestimmten Voraussetzungen wird die Gewaltanwendung durchaus gestattet. Die zeitlich erste Offenbarung, die dem Propheten die Erlaubnis erteilte, lautet wie folgt: „Gewähr ist denen gegeben, die bekämpft wurden, dieweil ihnen Gewalt angetan ward..." (Sure 22,39) Aus dieser ersten koranischen Offenbarung zu der hier aufgeworfenen Problematik geht eindeutig hervor, dass die Erlaubnis zur Gewaltanwendung nur zur

[132] Ramadan, Das islamische Recht 1996, S. 47

Verteidigung gegeben wird (wenn von der Gegenseite zuerst Gewalt ausgeübt wird). Dies klingt auch in Sure 2,190 an: „Und bekämpft in Allahs Pfad, wer euch bekämpft; doch übertretet nicht; siehe, Allah liebt nicht die Übertreter." Es besteht unter islamischen Rechtsgelehrten Einigkeit darüber, dass mit dieser Sure auch Übergriffe auf Frauen, Kinder, Mönche, Behinderte, Einsiedler, Zivilisten oder Gefangene im Verlauf eines Krieges untersagt sind.[133] Immer wieder werden die harten Schwertverse herangezogen, um die Gewalttätigkeit und Aggressivität des Islam zu belegen: „Und tötet sie, wo immer auf sie stoßt. Und vertreibt sie, von wo sie euch vertrieben: denn Verführung ist schlimmer als Töten. Bekämpft sie jedoch nicht bei der unverletzlichen Moschee, es sei denn, sie bekämpfen euch dort. Greifen sie euch jedoch an, dann tötet sie. So ist der Lohn der Ungläubigen." (Sure 2,191) Solche aus dem Zusammenhang gerissene Verse klingen zunächst schlimm und es lässt sich mit ihnen gut antiislamische Stimmungsmache betreiben. Verschwiegen wird dabei gewöhnlich, dass nur kurz davor (in Sure 2,190) dazu aufgerufen wird, keine Übertretungen im Krieg zu begehen. Weiterhin beziehen sich derartige Verse eindeutig „auf das Verhalten in einem bereits in Gang befindlichen Krieg, d.h. nicht auf das Recht zum Krieg (ius ad bellum), sondern auf das Recht im Kriege (ius in bello)."[134] Deutlich wird das Verbot zum Angriffskrieg auch in Sure 4,90: „Wenn Allah wollte, hätte Er ihnen Macht über euch gegeben, und sicherlich hätten sie dann gegen euch gekämpft. Wenn sie sich jedoch von euch fernhalten, ohne euch zu bekämpfen, und euch Frieden anbieten, gibt euch Allah keine Erlaubnis, gegen sie vorzugehen." Sure 8,61 enthält eine Friedensverpflichtung, auf die bei einem Friedensgesuch des Gegners eingegangen werden muss.

Zusammenfassend kann somit der „Mittelweg" des Koran wie folgt beschrieben werden: Das heilige Buch der Muslime erlaubt unter gewissen Bedingungen Gewaltanwendung, die Gewalt muss aber zuerst von der Gegenseite ausgehen. Weiterhin schränkt es die Gewaltanwendung wieder ein, indem es Übertretungen während des Kriegszustandes verbietet und die baldige Wiederherstellung des Friedenszustandes fordert. Wer unschuldige Menschen tötet, hat nach dem Koran eine schlimme Strafe zu erwarten – fanatisierte Selbstmordattentäter oder Bombenleger können sich somit nicht auf

---

133 Vgl. Tworuschka, Der Koran und seine umstrittenen Aussagen 2002, S. 107

134 Vgl. Hofmann, Murad Wilfried. Der Islam als Alternative, S. 193

den Koran berufen.
Es soll hier auch darauf hingewiesen werden, dass die Bezeichnung „Heiliger Krieg“ im Koran nicht vorkommt. Der katholische Theologe Hans Küng hat darauf wie folgt aufmerksam gemacht: „Langsam dürfte es sich auch unter Christen herumgesprochen haben: Das eine arabische Wort Dschihad meint nicht die beiden deutschen Worte ‚Heiliger Krieg’, sondern deckt ein weites Bedeutungsfeld ab. Es bedeutet zunächst nur ‚Anstrengung’ und wird an manchen Stellen des Koran als moralisches ‚Sich-abmühen’ auf dem Wege Gottes verstanden ... Die Wortkombination ‚heiliger Krieg’ kommt im Koran nicht vor: Krieg kann in islamischer Auffassung nie ‚heilig’ sein.“[135]
Die Feldzüge des Propheten stehen immer wieder in der Kritik sogenannter "Islamkritiker", da diese Auseinandersetzungen den nach ihren Behauptungen den Tod zahlreicher Menschen gefordert haben. Meist unberücksichtigt bzw. unerwähnt bleibt hingegen, dass die kriegerischen Handlungen zumeist von den Widersachern ausgingen. Der Prophet Muḥammad und die Muslime waren daher gezwungen, eine Abwehrhaltung einzunehmen. Zudem wird die Tatsache, dass der gesellschaftliche Frieden (auch für Nichtmuslime) erst in Folge der Verteidigungskriege eintrat, verschwiegen. Während bei den gegen die Muslime geführten Kriegen insgesamt einige Hundert Menschen ums Leben kamen[136], starben bei den nicht enden wollenden Stammeskriegen aus vorislamischer Zeit jährlich tausende Menschen. Genau genommen hat der Prophet auf die Art und Weise sogar tausende Menschenleben gerettet. Ebenso hat er die vorislamische Tradition der Tochter-Morde abgeschafft und somit unzähligen neu geborenen Mädchen das Leben gerettet. Diesen Umstand hat der österreichische Orientalist und Politiker Alfred von Kremer (gest. 1889) wie folgt beschrieben:

> „Aus den hunderterlei kleineren und größeren Stämmen, die unaufhörlich untereinander in blutigen Fehden lagen, schuf Muḥammads Wort eine Nation […] Das große Werk glückte und als Muḥammad starb, herrschte über den bei weitem größten Teil Arabiens ein Gottesfrieden, wie ihn die beutelustigen und rachsüchtigen Stämme bisher wohl nie gekannt hatten. Die Religion hatte sie versöhnt.“[137]

---

[135] Küng, Der Islam 2006, S. 710 ff.

[136] Rao, K.S. Ramakrishna: „*Mohammad, der Prophet*“, in: *Mohammad, Prophet der Barmherzigkeit*, S. 26.

[137] Von Kremer, Alfred: *Geschichte der herrschenden Ideen des Islams*,

In einer ähnlichen Weise hat sich Koneru Ramakrishna Rao wie folgt über diese Tatsache geäußert:

> „Die Gesamtzahl der Opfer in allen kriegerischen Auseinandersetzungen, die während seines [Muḥammads] Lebens stattfanden, als die gesamte Arabische Halbinsel sich unter seinem Banner einte, geht insgesamt nicht über ein paar Hundert hinaus. [...] Für die Araber, die wegen der unbedeutenden Provokation, das ein Kamel, das dem Gast eines bestimmten Stammes gehöre, sich in das Weidegebiet eines anderen Stammes verirrte, bereit waren, vierzig Jahre zu kämpfen bis insgesamt 70.000 Menschen ihr Leben gelassen hatten und beiden Stämmen die Ausrottung drohte. Solchen wilden Arabern lehrte der Prophet Selbstkontrolle und Disziplin in einem Maße, dass sie selbst auf dem Kampfplatz beteten."[138]

2. Imam Ali und die gerechte Herrschaft

2.1. Alis Konzept des gerechten Herrschers

2.1.1. Beschränkung der Herrschaft und Ablehnung der Unterdrückung

Dem Koran zufolge ist der Einsatz für Gerechtigkeit einer der Hauptgründe, weshalb Gott Propheten mit einer göttlichen Botschaft in die Welt gesandt hat: „Wir haben unsere Gesandten mit den deutlichen Zeichen gesandt und mit ihnen das Buch und die Waage herabkommen lassen, damit die Menschen für die Gerechtigkeit eintreten. [...]"[139] Es ist nach Imam Ali die Aufgabe des Herrschers, diese Gerechtigkeit in der Gesellschaft herzustellen.[140] In seinem Regierungsauftrag an Malik al-Aschtar unterscheidet er „gerechte und tyrannische Regierungen".[141] Die Regierenden sollen Güte und Freundlichkeit gegenüber den Untergebenen an den Tag legen. Eindringlich warnt der Imam die Herrschenden immer wieder vor der Unterdrückung des Volkes und erinnert sie daran, dass auch sie sich

---

S. 309 f.

[138] Rao, K.S. Ramakrishna: „*Mohammad, der Prophet*", in: *Mohammad, Prophet der Barmherzigkeit*, S. 26.

[139] Koran 57:25.

[140] Schreiner (Hg.), Der Imam 1982, S. 29

[141] Nahdsch-ul-Balagha, Bd. 2, S. 263

eines Tages vor Gott verantworten müssen: „Nichts führt mehr zur zur Veränderung von Allahs Gnadengeschenk oder zur Beschleunigung Seiner Strafe, als das Bestehen auf Unrecht. Denn wahrlich, Allah hört das Bittgebet des zu Unrecht Verfolgten und ist wachsam gegenüber den Unrecht Verübenden.“[142] Diejenigen, die dem Islam Rückständigkeit vorwerfen, können hier lange vor der Magna Charta die Auffassung von der Begrenztheit der weltlichen Macht und die Verantwortlichkeit des Herrschers gegenüber einer übergeordneten Instanz finden. So wie der Kalif über den Gouverneur stehe, stehe Allah wiederum über den Kalifen: „Denn du stehst über ihnen, und der Inhaber der Befehlsgewalt (d.h. dein Imam) dir gegenüber steht über dir, während Allah über demjenigen steht, der dich zum Gouverneur ernannt hat!“[143]

2.1.2. Gleichbehandlung von Muslimen und Nichtmuslimen

Muslime und Nichtmuslime sollen Imam Ali zufolge gleich behandelt werden. Er macht deutlich, dass „Nichtmuslime .. Mitmenschen und Menschenwesen wie Du selbst“[144] sind. Diese Einstellung Imam Alis kommt auch in einem Abkommen mit den Christen (zur Wahrung der Minderheitenrechte der Christen) zur Zeit des Kalifats von Imam Ali zum Ausdruck. Das Abkommen wurde im Kloster von Ezechiel Dhul-Kifl, einem der Wallfahrtsorte von Kufa, im Jahre 40 n.d.H. aufgesetzt. Das Vertragswerk wird im Museum des Tschehel Setun in Isfahan aufbewahrt, und zwar in Form einer Rolle von 6,87 m Länge und 35,5 cm Breite aus Tierhaut mit sehr hübscher und gut leserlicher Kufi Schrift. Der Vertragstext wird im Folgenden wegen seiner Bedeutung ganz wiedergegeben. Er lautet wie folgt:

„Dieser Vertrag wurde im Kloster des Ezechiel Dhul-Kifl (Friede sei mit ihm) aufgesetzt.
Eine Gruppe von christlichen Gelehrten sowie frommen und freundschaftlich gesonnenen Leuten, wie 'Aqib, As-Sayyid, 'Abd al-Yasu', Ibn al-Hagan, der Mönch Ibrahim, der Bischof 'Isä und vierzig christlichen Persönlichkeiten und Leuten, die dem Abkommen Beachtung erwiesen, vom Recht Kenntnis besitzen, mir zugetan waren, die Verpflichtungen mir gegen- über einhielten und meine Rechtsprechung beachteten sowie meinen Gesandten an den Grenzen

[142] Ebenda, S. 254

[143] Ebenda, S. 253

[144] Schreiner (Hg.), Der Imam 1982, S. 29

Freundlichkeit erwiesen, zählen zu den Leuten, denen Sicherheit, Freundschaft, Loyalität und die Vereinbarungen, die ich mit den Muslimen in Ost und West geschlossen habe, Verpflichtung ist. Solange ich lebe wie auch über meinen Tod hinaus bis zum Tage der Auferstehung und solange die Religion des Islam beständig ist und die Einladung zum Glauben sichtbar nach außen getragen wird, soll dieses Abkommen alle Statthalter und Herrscher wie auch die übrigen Muslime auf ewig binden. Es ist niemandem erlaubt, diesen Vertrag zu brechen, ihm etwas hinzuzufügen oder etwas auszulassen, denn das Hinzufügen ist wie eine Schramme an meinem Vertragswerk und das Auslassen macht meine Absichten zunichte. Deshalb wäre eine Änderung an diesem Abkommen ein Verbrechen, als ob ich einen Vertrag mit mir selbst geschlossen hätte. Wer sich von meinen Anhängern gegen mich stellt, bricht den Vertrag Gottes und wendet sich von dem Befehl Gottes des Erhabenen ab, sodass Gott seinen Schaden und Nachteil rechtfertigen wird. As-Sayyid, der Bischof und die anderen christlichen Persönlichkeiten wünschten von mir, dass dieses Schriftstück allen Christen ein Vertrag und ein Abkommen sei. Aufgrund dieser Übereinkunft wird allen Christen, die innerhalb des islamischen Reiches leben, Sicherheit gewährleistet. Dieser Vertrag ist ausreichend und für die Ewigkeit gedacht, damit sie der Vereinbarung, die ich mit ihnen getroffen habe, Loyalität erweisen. Und mit zufriedenem Sinn bringe ich ihren Bitten Wohlwollen entgegen und vollbringe so die Arbeit zu ihrem Gefallen. Von mir sowie von den Muslimen darf ihnen keine Kränkung widerfahren, und dieses Abkommen soll vollzogen und als schriftliche Sicherheitsgarantie von der Bevölkerung geachtet werden, und alle Muslime sollen danach handeln und die Gläubigen daran gebunden sein. Für das Verfassen dieses Schriftstückes habe ich hoch gestellte muslimische Persönlichkeiten und meine besten Gefährten versammelt und für die Christen Bedingungen gesetzt, die auch für die späteren Generationen gelten werden.

Sollte jemand, ob Herrscher oder nicht, diesen Vertrag nicht einhalten, ist der Statthalter verpflichtet, meinen Befehl bei diesem durchzusetzen, damit er dem Vertrag gegenüber Loyalität erweise und gemäß dem Abkommen handle. Und die Verantwortlichen sollen ihm den Schutz entziehen. In dem Abkommen, das ich geschlossen habe, steht, dass niemand, der gegen den Vertrag und die Muslime eingestellt ist, einen Vorwand finden darf, und die Muslime müssen meinem Vertrag den Christen gegenüber vollkommen entsprechen, die Christen ihm gegenüber loyal sein, meine Gefährten einen

freundlichen Umgang mit jenen pflegen und beim Wohlergehen jener als Lohn teilhaben.
Und wer diesem Vertrag Wohlwollen entgegenbringt, ist mein Helfer und Gefährte auf dem Wege der Einladung zum Islam sowie die Ursache des Zorns und der Hinwegnahme der Zweifler und Lügner. Ebenso möge er kein Vorwand der Christen sein gegenüber demjenigen, der den Islam angenommen hat. Dieses Abkommen lädt zu guten und edlen Werken ein, untersagt das Übel und befiehlt die Befolgung von Gerechtigkeit und Wahrhaftigkeit. Zu diesem ersten Zweck habe ich meine eigene Verpflichtung an den Anfang gestellt, und dieses haben die Christen von mir und allen meinen Anhängern gewünscht. Deshalb rufe ich den Vertrag und den Bund mit Gott, alle Propheten und das Siegel der Gesandten darauf als Zeugen an, und auf dieser Grundlage ist ihr Schutz und ihre Bewahrung vor jedem Bösen für mich verpflichtend und ebenso, dass ihnen kein Leid widerfahre, es sei denn, mir und meinen Gefährten, die die Verteidiger des Islams sind, widerfährt Kränkung von ihnen, und dass ich das Entgelt, das die Krieg führenden Christen zu zahlen haben, erlasse. Aber kein einziger Christ darf dem gegenüber Abscheu und Zwang haben, und ebenso darf niemand einen Bischof vom Bischofsein, einen Christen vom Christsein, einen Pilger von der Pilgerschaft und keinen Reisenden von seinem Reiseweg abbringen. Außerdem darf niemand ihre Gebäude und Häuser zerstören, und die Muslime dürfen zum Bau ihrer Moscheen von deren Gebäuden und Klöstern nichts benutzen sowie das Glockenläuten nicht stilllegen.
Dies ist ein öffentliches Schreiben und eine Anweisung dafür, was zu tun ist. Ich lade diejenigen, die dem Islam folgen, zu diesem Abkommen ein. Jeder, der diesen Vertrag verletzt, verdient Missachtung und Verfluchung, ob Herrscher oder nicht oder ob er Muslim und gläubig sei oder nicht. Ich gestatte nicht, dass irgendein Christ gezwungen würde, den Islam anzunehmen. Man muss die Christen unter die Fittiche der Barmherzigkeit und Zuneigung nehmen und die Übel von ihnen und von überall da, wo sie sind, vertreiben. Die Christen haben das Recht, die Kosten ihrer Gotteshäuser, die Renovierungen ihrer Klöster sowie Einsiedeleien und das, was ihre Überzeugungen und ihre Religion erfordern, sicherzustellen; und die Pflicht der Muslime ist es, ihr Leben und ihren Besitz zu schützen und ihnen zu Hilfe zu sein. Die Hilfe der Muslime ist bei der Gestaltung christlicher Angelegenheiten in Verantwortung ihnen gegenüber nicht als Pflicht, sondern als Schenkung zu betrachten.

Dieses Vertragswerk wurde von Husam bin 'Utbah Abi Waqqas in Anwesenheit von Ali ibn Abi Talib (Friede sei mit ihm) niedergeschrieben und im Kloster des Hizqil Dhi'l-Kafal (Friede sei mit ihm) im Monat Safar des 40. Jahres n.d.H. festgesetzt. Und Preis sei Gott dem Erhabenen.“[145]

2.1.3. Gleichheit vor dem Gesetz

Im Hinblick auf die Gleichheit in Rechten und Pflichten gab Imam Ali Malik Aschtar folgenden Ratschlag: „Ein Teil des *Bait Al-Mal* und ebenfalls ein Teil der Erzeugnisse aus islamischen Ländern gib den Bedürftigen, allen die es nötig haben und besonders den Ärmsten, weil demjenigen in der Ferne dasselbe Recht wie dem Nahen zusteht.“[146] Über die Nichtmuslime äußerte er sich wie folgt: „Ihr Eigentum und ihr Blut ist wie unser Eigentum und unser Blut edel.“ Somit existiert im islamischen Recht demnach die Gleichheit in den Rechten und Pflichten. Imam Ali vertrat den Grundsatz der Gleichheit vor dem Gesetz. In seinem Regierungsauftrag an Malik Aschtar führte er u.a. Folgendes aus: „Das Angemessenste für das Recht sollte dir am liebsten sein, und das, was die umfassendste Gerechtigkeit und die allgemeine Zufriedenheit der Untertanen bewirkt.“[147] Dem Richter gab er folgenden Ratschlag: „Wenn du zwischen Muslimen urteilst achte auf dein Sprechen, Blicken und Sitzen, damit deine Nächsten keinen Nutzen aus deiner Beziehung ziehen und deine Feinde aus deiner Rechtsprechung nicht hoffnungslos werden.“[148] Der Grundsatz der Gleichheit im islamischen Recht umfasst somit nicht nur die Gleichheit vor dem Gesetz, sondern auch vor Gericht.

---

[145] Vgl. Spektrum Iran 14 (2001) 4, S. 13-18

[146] Vgl. Nahdsch Al-Balagha, Schreiben 53 (Regierungsauftrag an Malik Aschtar)

[147] Ebenda

[148] Ebenda

2.2. Die islamische Befreiungstheologie und der Geist von Kerbela

Der wahre Islam kommt nach schiitischer Auffassung am besten in den Ereignissen des Aschura-Tags (10. Tag des Monats Muharram) des Jahres 680 n. Chr. (60 n.H.) zum Ausdruck. An diesem Tag stellte sich Imam Hussein, der Sohn Imam Alis und dritte Imam der Schiiten, in Kerbela (im heutigen Irak) mit wenigen Gefolgsleuten einer gewaltigen Übermacht des Kalifen Yazid entgegen. Die Rede ist von 72 Gefolgsleuten Hussains und mehreren Tausend Kämpfern auf der Seite Yazids. Mit Imam Hussains Ausspruch „Niemals Unterdrückung" stellte er sich einem tyrannischen Herrscher entgegen, um zu zeigen, dass man Unrecht nicht hinnehmen, obwohl er gegen die Übermacht Yazids chancenlos war. Deshalb steht der Kampf Imam Hussains und sein Martyrium in Kerbela heute symbolisch für den Kampf der Unterdrückten gegen die Unterdrücker und für das Eintreten für Gerechtigkeit. Gerechtigkeit bedeutet im Denken der Schia „jede Sache angemessen zu behandeln und jede Tat angemessen gut auszuführen"[149]

Für die islamische Befreiungstheologie ist der iranische Soziologe Ali Schariati (1933-1977) von besonderer Bedeutung. In den 1950erJahren trat er mit seinem Vater den (den damaligen Premierminister Mossadegh unterstützenden) „Gottverehrenden Sozialisten" (Sosialistha-ye Choda Parast) bei.[150] Schariati promovierte 1964 an der Pariser *Sorbonne*, wo er sich mit den damals dominierenden Einfluss der marxistischen Anschauungen auseinandersetzen musste. Für Schariati blieb jedoch Imam Ali das Symbol für den Kampf gegen die Unterdrückung, „Schariati bezeichnet Ali als Sozialisten"[151]. Während er im sozialen Bereich durchaus sozialrevolutionäre Vorstellungen vertrat, lehnte er allerdings den westlichen Säkularismus und Liberalismus ab und forderte eine Rückkehr zur eigenen Identität und Religion.[152] Mit diesen Ideen einer „konservativen Revolution" wurde Schariati zu einem der entscheidenden Theoretiker der islamischen Revolution im Iran 1979. Er prägte die Parole: „Jeder Tag ist Kerbela, jeder Tag ist Aschura". Statt sich in den jährlichen schiitischen Trauerzeremonien zu

---

[149] Yazdi, Lektionen in der islamischen Überzeugung I, S. 176

[150] Vgl. Kaweh, Ali Schariati interkulturell gelesen 2005, S. 16

[151] Ebenda, S. 103. Dies erfolgte in seiner Schrift „Wo fangen wir an?", a.a.O, S. 31

[152] Schreiner (Hg.), Der Imam 1982, S. 54

Muharram selbst zu geißeln, sollten sich die Anhänger Alis vielmehr jeden Tag im Kampf um eine gerechtere Welt engagieren. Überhaupt verstand er den so praktizierten wahren Islam nicht als eine „Partei Alis“; sondern es handelt sich um „nichts anderes als de(n) Islam.“[153] Die Auseinandersetzung zwischen Sunniten und Schiiten könnten der Vergangenheit angehören, denn sie sollten sich vereinen im Kampf für Gerechtigkeit und gegen Unterdrückung.

3. Die Bedeutung der Herstellung der sozialen Gerechtigkeit

3.1. Imam Alis Kampf für soziale Gerechtigkeit

In den Briefen, Reden und Predigten Imam Alis kann man eine deutliche Parteinahme für die sozial Benachteiligten und Unterdrückten konstatieren. So schreibt er in seinem Brief an seinen Gouverneur Malik Al-Aschtar u.a. Folgendes: „Bedenke Malik, dass die privilegierte Schicht der Abschaum der menschlichen Gesellschaft ist. Ihre Sattheit und Selbstzufriedenheit macht sie unbeweglich, und in den Stunden der Not und des Leids nützen sie Dir am wenigsten. Vor allem aber verabscheuen sie die Gerechtigkeit. Unablässig verlangen sie mehr, empfinden aber niemals eine Verpflichtung aufgrund der ihnen erwiesenen Wohltaten; werden ihre Forderungen gerechterweise abgelehnt, so werden sie niemals einen vernünftigen Grund akzeptieren. Ändert sich die Zeit, wirst Du sie niemals zuverlässig, treu und loyal finden. Dagegen sind die einfachen Menschen, die Randgruppen unserer Gesellschaft, die Pfeiler des Islam. Sie bilden in ihrer Geschlossenheit und Solidarität die wahre Gemeinschaft der Muslime und sind die in Bereitschaft stehende Kraft gegenüber den Feinden. Sie sollen Deine Anhänger sein, während Du Dir ihr Vertrauen und ihre Sympathie erwerben sollst.“[154]

Wieder und wieder erinnert Imam Ali seinen Gouverneur auf, Gott im Hinblick auf die Armen zu fürchten und ihnen daher beizustehen: „Um Gottes Willen, Malik, um Gottes Willen, ich warne Dich hinsichtlich der Armen. Fürchte Gott angesichts ihrer Lebensbedingungen und Deiner Haltung ihnen gegenüber. Sie haben keine Stütze, keine Reserven und keine Chancen. Sie sind mitellos, haben keinen Rückhalt und sehen keinen Ausweg. Viele von ihnen

---

[153] Schariati, zitiert nach Vgl. Kaweh, Ali Schariati interkulturell gelesen 2005, S. 70

[154] „Der Regierungsauftrag Imam Alis an Malik Al-Aschtar“, in: Schreiner, Der Imam 1982, S. 35

sind verkrüppelt, arbeitsunfähig und an den Boden gefesselt. Einige betteln, andere tun es nicht, um nicht die Achtung vor sich selbst zu verlieren; doch ihre Not, Verlassenheit und der Mangel, den sie leiden, schreien zum Himmel. Um Gottes Willen, Malik, schütze sie und ihre Rechte. Diese Verantwortung ist Dir von Gott auferlegt worden. Setze für sie einen Anteil aus dem Staatsschatz fest; stelle stelle außerdem einen Anteil aus dem Erlös der in allen Gebieten hergestellten Güter zu ihrer Verfügung; denn jeder hat das gleiche Recht auf einen Anteil, unabhängig davon, wo er sich befindet, sei es nah oder fern. Ich möchte Dich nochmal daran erinnern, dass Du die Verantwortung dafür trägst, dass die Rechte der Armen gewährt werden und Du Dich um ihr Wohlergehen zu kümmern hast. Hüte Dich vor Amtsanmaßung, um nicht den Blick für sie und für diese schwere und wichtige Verantwortung zu verlieren. Du hast einen so wichtigen Posten, dass du keine Befreiung von der Verantwortung selbst für kleinste Irrtümer, Unterlassungen oder Fehler beanspruchen kannst mit der Entschuldigung, Du wärest voll und ganz mit den größeren Problemen des Staates beschäftigt gewesen, denen Du Dich mit aller Sorgfalt gewidmet hättest. Daher achte sehr genau auf die Mittellosen und setze Dich persönlich für sie ein. Vermeide ihnen gegenüber jegliche Arroganz und Eitelkeit. Denke daran, dass Deine besondere Sorgfalt und Dein Mitgefühl denen gehören muss, die Dich aus eigener Initiative nicht erreichen können und auf die andere herabsehen, sie sogar voll Ekel, Abweisung und Verachtung betrachten. Setze für ihre Belange Persönlichkeiten ein, die vertrauenswürdig, gerecht, gottesfürchtig und bescheiden sind und Dich ständig über das Schicksal der Armen auf dem Laufenden halten. Behandle die Dir Anvertrauten dann so, dass Du am Tage des Gerichtes Deine Sache auch erfolgreich vor Gott vertreten kannst...“[155]

3.2. Das Potential des wahren Islams in der sozialen Frage

3.2.1. Die Bedeutung der sozialen Gerechtigkeit im Islam

Die Menschen sind dem Islam zufolge verpflichtet für eine Gesellschaft, in der soziale Gerechtigkeit herrscht, in der die Würde des Menschen gewahrt wird und in der der Besitz gerecht verteilt ist, einzutreten. Im Koran werden die Gläubigen daher immer wieder dazu aufgerufen, sich für die soziale Gerechtigkeit bzw. die Armen in der Gesellschaft einzusetzen:

---

[155] Ebenda, S. 46

> „‘Was hat euch ins Höllenfeuer getrieben?‘ Sie sagen: ‚Wir gehörten nicht zu denen, die beteten. Und wir pflegten nicht den Bedürftigen zu speisen.‘“[156]

In der islamischen Religion geht es beim Einsatz für soziale Gerechtigkeit nicht um Almosen, sondern um feststehende Rechte, die der Arme gegenüber den Reichen besitzt. Folglich muss der Gläubige die soziale Gerechtigkeit vehement einfordern und für sie eintreten:

> „Hast du denn gesehen, der das Gericht für Lüge erklärt? Das ist der, der die Waise zurückstößt. Und nicht zur Speisung des Bedürftigen anhält.“[157]

Jemand, der dazu in der Lage ist, soziale Gerechtigkeit herzustellen, und dies nicht tut, wird im Koran als jemand bezeichnet, der Gott gegenüber ungläubig geworden ist und daher Seinen Zorn und Seine Bestrafung verdient:

> „Nehmt ihn und fesselt ihn. Dann lasst ihn in der Hölle brennen. [...] Er glaubte nämlich nicht an Gott, den Majestätischen. Und er hielt nicht zur Speisung des Bedürftigen an.“[158]

Der Islam ist unvereinbar mit einer materialistischen Gesellschaft, in der die Reichen sich nur darum sorgen, ihren Besitz zu vermehren und weltliche Gewinne anzuhäufen:

> „Aber nein, ihr behandelt die Waise nicht großzügig. Und ihr haltet nicht zur Speisung des Bedürftigen an. Ihr verzehrt das Erbe ohne Unterschied. Und ihr hegt für den Besitz eine allzu große Liebe.“[159]

Die Botschaft des Islams richtet sich zunächst an jeden einzelnen Menschen, ganz gleich ob Arm oder Reich, um ihn (oder sie) davor zu warnen, dass er (oder sie) sich eines Tages vor dem Jüngsten Gericht verantworten muss. Auf der kollektiven Ebene werden die Menschen dazu verpflichtet, sich für eine gerechte Gesellschaft einzusetzen und

---

[156] Koran 74:42-44.
[157] Koran 107:1-3.
[158] Koran 69:30-34.
[159] Koran 89:17-20.

diese zu vervollkommnen. Dem Islam zufolge sind soziale Ungerechtigkeiten, wie sie z.B. in der Entstehung einer größeren sozialen Ungleichheit zum Ausdruck kommen, abzulehnen. Vielmehr ist die Herstellung eines sozialen Ausgleichs das Ziel. Allerdings muss betont werden, dass der Islam sich dabei nicht der Illusion hingibt, dass eine absolute Gleichheit der Menschen hergestellt werden könnte. Schließlich sind die Anlagen und Lebensumstände der Menschen höchst verschieden.

Zunächst muss sichergestellt werden, dass der Mensch über ein ausreichendes Existenzminimum verfügt. Schließlich ist das die Grundlage dafür, dass ein Mensch sich seinem Schöpfer zuwenden kann. Zwar ist der Mensch dem Islam zufolge verpflichtet, sich um dieses Existenzminimum selbst zu sorgen, er soll jedoch nicht einfach als Bettler umherziehen. In einem Hadith heißt es, dass „die obere Hand ist besser als die untere Hand“ [160]. Diese Überlieferung soll zum Ausdruck bringen, dass es stets besser ist derjenige zu sein, der spendet, als derjenige zu sein, der auf Hilfe angewiesen ist. Die Stärkeren und Wohlhabenden sind demnach dazu verpflichtet, die Armen in der Gesellschaft zu unterstützen.

Während es auf der einen Seite die Armen gibt, befinden sich auf der anderen Seite Reiche, die immer reicher werden und im Luxus schwelgen. In den Überlieferungen des Propheten Muḥammad wurde dies wie folgt verdeutlicht:

> >>Wo immer unter den Bewohnern eines Ortes ein Mensch Hunger leidet, da wird von ihnen der Schutz Gottes, des Heiligen, des Erhabenen, entfernt.<<[161]

> >>Der Arme entbehrt nur das, was der Reiche zu viel besitzt.<<[162]

Die Gesellschaft ist dem Islam nach nun dazu verpflichtet, hier einen Ausgleich herzustellen. Als Mittel, um soziale Gerechtigkeit zu verwirklichen, sieht der Islam die *Almosensteuer* (*zakāh*) und die *freiwillige Gabe* (*ṣadaqāh*) vor. In der Sure *at-Tauba* heißt es in diesem Zusammenhang:

---

[160] Vgl. Muslim: *English Translation of Sahih Muslim (Vol 3*), S. 78 (Hadith 2385).

[161] Ibn Hanbal: *Musnad* 2, S. 33.

[162] Überlieferung zitiert nach Sadr, Sayyid Muhammad Baqir: *Unsere Wirtschaft – Iqtisaduna*, S. 85.

„Nimm [o Muḥammad] von ihrem Vermögen ein Almosen, mit dem du sie rein machst und läuterst, und bitte um Segen für sie. Dein Gebet ist für sie eine Beruhigung. Und Gott hört und weiß alles.“[163]

Wie wichtig diese Angelegenheit für den Islam ist, zeigt sich auch daran, dass der Prophet dem Prophetengefährten Muʿāḏ ibn Ǧabal bei dessen Entsendung in den Jemen beauftragt hat, die Menschen, neben dem Glauben an den einen einzigen Gott und die Pflicht zum Gebet, über Folgendes zu informieren:

>>Sage ihnen, dass Gott ihnen eine Steuer auf ihr Vermögen auferlegt hat, die von den Reichen erhoben wird und den Armen gegeben werden soll.<<[164]

Die *zakāh*, die oft als *Almosensteuer* übersetzt wird, ist in der Realität eine Vermögenssteuer, die auf ein definiertes Vermögen erhoben wird. Der vom Propheten festgesetzte Prozentsatz für den Geldüberschuss betrug zweieinhalb Prozent. Für andere Vermögenswerte wurden jedoch unterschiedliche Sätze vorgeschrieben. Der Betrag ist dabei vom Nettoüberschuss zu entrichten, wenn ein festgelegtes Minimum überschritten wird.[165] Hierbei handelt es sich jedoch nicht um Almosen, sondern um eine der Säulen des Islams bzw. um eine grundlegende Pflicht eines jeden Muslims. Da im Vers 60 der Sure *at-Tauba* die Eigenschaften jener beschrieben wird, die *zakāh* empfangen dürfen, handelt es sich auf der anderen Seite um ein Recht derer, die die Voraussetzungen zum Erhalt der Leistungen erfüllen. Der Prophet Muḥammad, der in Medina auch den jungen islamischen Staat führte, hat es auf diese Weise praktiziert und sich wie folgt darüber geäußert:

>>Doch was jene anbelangt, die sich weigern, sie freiwillig zu entrichten, von denen werden wir sie einziehen müssen, wobei wir ihnen sogar einen höheren Betrag als Strafe abverlangen.<<[166]

---

[163] Koran 107:1-3.

[164] Al-Schaukani: *Nayl al-Anwar*, S. 123, zitiert nach Ramadan, Said: *Das islamische Recht*, S. 149.

[165] Vgl. Ramadan, Said: *Das islamische Recht*, S. 150.

[166] Al-Schaukani: *Nayl al-Anwar*, S. 130, zitiert nach Ramadan, Said: *Das islamische Recht*, S. 149.

Darauf machte auch Prof. Arthur Stanley Tritton aufmerksam:

> „Zu Beginn bestand Muḥammad auf Mildtätigkeit; später setzte er einen Mindestbetrag durch Gesetz fest.“[167]

Die klare Botschaft des Koran und die Handlungsweise des Propheten verdeutlichen, dass die Führer einer muslimischen Gesellschaft ein soziales Gleichgewicht zwischen den Menschen herstellen müssen. Arme und Reiche kommen sich nach islamischer Auffassung auf diese Art und Weise näher. Dieses Verfahren dient dem allgemeinen Interesse und gewährleistet somit ein soziales Gleichgewicht in der Gesellschaft. Der muslimische Herrscher muss demnach Maßnahmen ergreifen, die ein soziales Ungleichgewicht, wie z.B. Klassenunterschiede, Neid oder Missgunst, verhindern. Dass sich Alī ibn Abī Ṭālib stets für die Armen einsetzte und auf die Verwirklichung der sozialen Gerechtigkeit drängte, wurde im vorigen Abschnitt dargestellt. Dieses soziale Gleichgewicht, das der Islam zu erreichen versucht, indem er die Kluft zwischen den Reichen und Armen verkleinert, ist genau das Gegenteil von einer Gesellschaft, die nach islamischer Überzeugung von der göttlichen Rechtleitung abgewichen ist. In der letzteren Gesellschaft kommt die große Kluft zwischen Reich und Arm deutlich zum Vorschein. Dem *Oxfam*-Bericht vom 17. Januar 2017 zufolge besitzen inzwischen acht Milliardäre mehr als die ärmere Hälfte der Menschheit, d.h. als ca. 3,6 Milliarden Menschen.[168] Auf der internationalen Ebene besitzen 20 % aller Staaten 85% des Arbeitsertrages und kontrollieren 84 % des internationalen Handels. Die Bevölkerung dieser Länder besitzt 85% aller Ersparnisse. In einigen Entwicklungsländern beträgt das tägliche Durchschnittseinkommen ein Dollar, während zur selben Zeit das Einkommen einer einzigen Person aus dem Westen, nämlich von *Bill Gates*, 17 Millionen Dollar am Tag beträgt oder 200 Dollar pro Sekunde.[169]

Die Besitz-Verteilung auf einige wenige Menschen wird im Islam verurteilt, da er aus den Händen der Mehrheit verschwindet. Schließlich führt diese ungleiche Vermögensverteilung zu

---

[167] Tritton, Arthur Stanley: *Islam: Belief and Practices*, S. 25.

[168] Vgl. https://www.oxfam.de/ueber-uns/aktuelles/2017-01-16-8-maenner-besitzen-so-viel-aermere-haelfte-weltbevoelkerung, zuletzt abgerufen am 16.10.2017.

[169] *Majallah al-Mujtama'*, Vol. 25, Nr. 1508, Datum *Rabi' al-Akhir* 1422 n.H. - 06.07.2002.

Ungleichgewicht sowie Klassenkonflikte, Ausbeutung und Unterdrückung - alles, was in der muslimischen Gesellschaft als *ḥarām* (verboten) betrachtet wird.

3.2.2. Wie könnte eine islamische Ökonomie aussehen?

In dieser Hinsicht liefern weder der Koran noch die Sunna eine detaillierte Beschreibung einer islamischen Wirtschaftsordnung. Es sind jedoch Grundzüge erkennbar, die aus verschiedenen historischen und kulturellen Kontexten heraus unterschiedlich interpretiert werden können. Erstmals nach der Staatsgründung der Islamischen Republik Pakistan wurde der ernsthafte Versuch unternommen ein eigenes, islamisches Wirtschaftssystem jenseits von Kapitalismus und Kommunismus zu entwickeln. Aufgrund der Vorbildfunktion von Gamal Abdel Nassers Ägypten orientierte sich die islamische Welt in den 1960er Jahren an dem *Islamischen Sozialismus* sowie einer dementsprechenden Interpretation von Koran und Sunna. Der Prophet Muḥammad wurde von Gamal Abdel Nasser sogar als der erste Sozialist betrachtet.[170] Ebenso wurden in vielen arabischen Ländern, u.a. in Ägypten, Algerien, Libyen oder Irak, verschiedene Formen eines *islamischen Sozialismus* ausprobiert. Die katastrophale Niederlage an-Nāṣirs im Sechstagekrieg gegen Israel 1967 bedeutete zugleich auch den Niedergang seiner Ideen in der islamischen Welt. In der Folge begann sich eine Denkweise durchzusetzen, die ihr Heil nicht in den aus dem Westen stammenden Ideen suchte, sondern ihre Aufmerksamkeit wieder auf die Suche nach einer spezifisch islamischen Wirtschaftsordnung richtete. Insbesondere durch die *Islamische Revolution* im Iran 1979 wurde dieser Trend verstärkt. Die meisten Regierungen in der muslimischen Welt pflegen heute ein Wirtschaftssystem, welches die Legitimität seiner Ordnungselemente aus der Religion herleitet und hinsichtlich der Funktionalität auf der konventionellen Wirtschaftswissenschaft aufbaut. Die in der Opposition zu diesen Regimes stehenden islamischen Kräfte befürworten dagegen größtenteils den Entwurf einer eigenen islamischen Wirtschaftsordnung, obwohl die Vorstellungen dabei zuweilen wenig ausgearbeitet erscheinen. Obwohl es in Koran und Sunna kein bis ins Detail beschriebenes Wirtschaftsmodell gibt, so lassen sich dort doch die Grundlinien einer solchen Wirtschaft herausarbeiten. Im Folgenden soll deutlich gemacht werden,

---

[170] Schweizer, *Islam und Abendland*, S. 124 f.

inwieweit hier ein interpretativer Spielraum vorhanden ist. Weiterhin gibt das Vorbild des Propheten Muḥammad, der ja auch einen Staat in Medina geführt hat, obwohl dabei natürlich die Frage zu diskutieren sein wird, inwieweit die Lösungen vor etwa 1400 Jahren für die Wirtschaft von heute bestimmend sein können.

3.2.3. Das Eigentum an Produktionsmitteln

Die vom Islam favorisierte Ökonomie ist eine gemischte Wirtschaft, in der unterschiedliche Eigentumsformen wie Staatseigentum bzw. kollektives Eigentum und Privateigentum nebeneinander bestehen können.[171] In dieser Wirtschaft existiert in einem vorgegebenen Rahmen, welcher auch eine Makroplanung einschließen kann, eine regulierte Marktwirtschaft, in der durch staatliche Interventionen ein sozialer Ausgleich hergestellt wird. Dies soll im Folgenden verdeutlicht werden.

---

[171] Vgl. Sadr, *Unsere Wirtschaft – Iqtisaduna*, S. 39 ff.

3.2.3.1. Das Privateigentum

Es wurde bereits darauf hingewiesen, dass nach islamischer Auffassung Gott der eigentliche Eigentümer aller Dinge ist. Der Mensch ist somit lediglich ein Stellvertreter auf Erden bzw. Sein Verwalter oder Treuhänder auf Zeit (*wakīl*). In der Sure *al-Baqara* heißt es in diesem Zusammenhang:

> „Und als dein Herr zu den Engeln sprach: ‚Ich werde auf der Erde einen Stellvertreter [*ḫalīfa*] einsetzen.‘ […]“[172]

Der Islam erhebt den Besitz von Privateigentum zu einem Recht und schützt es sogar durch die in der Scharia geforderten Strafen für Diebstahl. Das Privateigentum wird allerdings nicht zu einem allgemeinen Prinzip erhoben.[173] Folglich gibt es erlaubte und verbotene Arten des Erwerbs von Privateigentum. Zu den erlaubten Formen gehören unter anderem die Lohnarbeit, der Handel, Handwerk, Jagd oder Erbe. Dagegen stellen beispielsweise Diebstahl, Betrug, Prostitution, Glücksspiel oder das Nehmen von Zinsen verbotenen Arten dar. Nach islamischer Überzeugung hat das Privateigentum dem Gemeinwohl bzw. dem Interesse der Gemeinschaft zu dienen. Das gilt insbesondere für das Privateigentum an Produktionsmitteln, das eine besondere Verantwortung für die Beschäftigten beinhaltet.

Der Islam legt den Gläubigen ein bescheidenes Leben nahe, individuelles Horten und das Schwelgen im Luxus werden hingegen getadelt. Der Gläubige wird dazu aufgerufen sein Vermögen so einzusetzen, dass es dem Seelenheil dient. So heißt es im Koran an mehreren Stellen wie folgt:

> „[…] Denjenigen, die Gold und Silber horten und es nicht auf dem Weg Gottes spenden, verkünde eine schmerzhafte Pein. Am Tag, da im Feuer der Hölle darüber angeheizt wird und damit ihre Stirn, ihre Seiten und ihr Rücken gebrandmarkt werden. Dies ist, was ihr für euch selbst gehortet habt. So kostet, was ihr immer wieder gehortet habt.“[174]

---

[172] Koran 2:30.

[173] Vgl. Sadr, *Unsere Wirtschaft – Iqtisaduna*, S. 40.

[174] Koran 9:34-35.

> „Lass‘ sie nur essen und genießen und sich durch die Hoffnung ablenken. Sie werden es noch zu wissen bekommen.“[175]

> „Und Wir haben in keine Stadt einen Warner gesandt, ohne daß die, die in ihr üppig lebten, gesagt hätten: ‚Das, womit ihr gesandt seid, das verleugnen wir.‘“[176]

Der Prophet Muḥammad hat es den gläubigen Männern auch verboten, Kleider aus Seide zu tragen, und allgemein den Gläubigen, aus goldenen oder silbernen Bechern zu trinken.[177] Das Vermögen darf sich auch nicht in den Händen einiger Weniger konzentrieren, während ein Großteil der Gesellschaft in Armut lebt, was bereits erwähnt wurde. Dabei bezieht man sich unter anderem auf die Sure *al-Ḥašr*, in der das Anhäufen von Vermögen wie folgt kritisiert wird:

> „Was Gott seinem Gesandten von den Bewohnern der Städte als Beute zugeteilt hat, gehört Gott und seinem Gesandten, und den Verwandten, den Waisen, den Bedürftigen, dem Reisenden. Dies, damit es nicht eben unter den Reichen von euch die Runde macht. Und was der Gesandte euch zukommen lässt, das sollt ihr nehmen. Und was er euch verwehrt, davon sollt ihr euch fernhalten. Und fürchtet Gott. Gott verhängt eine harte Strafe.“[178]

3.2.3.2. Staatseigentum bzw. kollektive Eigentumsformen

Das Privateigentum darf sich nicht auf die für die Gesellschaft lebenswichtigen Ressourcen erstrecken. Hier bezieht man sich unter anderem auch auf den folgenden Hadith:

> >>Die Menschen teilen sich drei Dinge: Wasser, Weiden und Feuer.<<[179]

Diese existentiellen Ressourcen sind daher in das Eigentum der

---

[175] Koran 15:3.

[176] Koran 34:34.

[177] *Vgl.* An-Nawawi: *Auszüge aus Riyadus Salihin*, S. 108 (Hadith 239).

[178] Koran 59:7

[179] Sunan Abû Dâwûd, Buyu' 60, B. 3, S. 276.

Gemeinschaft zu überführen.[180] Auch dies ist angesichts der sichtbaren Folgen der Privatisierungen der Wasserversorgung, die z.B. in Südamerika (bei einer ohnehin größtenteils armen Bevölkerung) zu einer Vervielfachung des Wasserpreises geführt haben, während die Gewinne von internationalen Konzernen abgeschöpft wurden, hochaktuell. Da dabei das Gemeinwohl tangiert wird, ist das Privateigentum hier zu begrenzen. Was zu den lebensnotwendigen Ressourcen gehört, ist eine Frage, die je nach Aufenthaltsort und Zeit unterschiedlich beantwortet werden muss. Die mālikitische Rechtsschule hat daraus beispielsweise gefolgert, dass es keinen Privatbesitz von Metallen und Mineralien geben darf.[181] Wenn man all dies berücksichtigt, so mag es verständlich erscheinen, dass der Islam hier kein fertiges Modell liefert, sondern vielmehr einen interpretativen Spielraum lässt, der sowohl eine Auslegung im Sinne einer weitgehenden Sozialisierung, wie durch den *islamischen Sozialismus*, oder auch die einer *sozialen Marktwirtschaft* zulässt. Nach den Erfahrungen der Finanzkrise von 2008 und ihren Folgen stellt sich heutzutage z.B. die Frage, ob die Schlüsselindustrien und Banken zu diesen lebensnotwendigen Dingen gehören. Schließlich leidet die gesamte Gesellschaft unter einer Krise, die beispielsweise nicht unerheblich durch das Geschäftsgebaren der Banken verursacht wurde.

3.2.4. Das islamische Finanzsystem

Nicht nur in Deutschland bedienen sich die Banken mit Wucherzinsen[182] ausgerechnet an den sozial Schwachen und tragen damit zu einem moralisch verkommenen, kapitalistischen Wirtschaftssystems bei, welches nur noch von einer reinen Raffgier beherrscht wird, in der die ethischen und moralischen Prinzipien der Religion ihre Bedeutung verloren haben. Die Kritik an diesen Wucherzinsen und dem Zinssystem im Allgemeinen hat in den letzten Jahren auch im Westen wieder stark zugenommen. Prof. Margrit Kennedy beispielsweise formuliert ihre Kritik wie folgt:

---

[180] Qutb, Sayyid: *Adala*, S. 112. Auch für Qutb ist dies „authentisch islamisch", Vgl. Damir-Geilsdorf, Sabine: *Herrschaft und Gesellschaft. Der islamische Wegbereiter Sayyid Qutb und seine Rezeption*, S. 208.

[181] Vgl. Damir-Geilsdorf, Sabine: *Herrschaft und Gesellschaft. Der islamische Wegbereiter Sayyid Qutb und seine Rezeption*, S. 208.

[182] Dispozinsen teilweise um die 19%.

> „Mit dem Zins in unserem Geldsystem ist also eine Umverteilung von Geld verbunden, welche nicht auf Leistung beruht, sondern letztlich darauf, dass jemand die freie Marktwirtschaft, das heißt, den Austausch von Waren und Dienstleistungen, durch Zurückhalten des Austauschmittels behindert, und für die Aufgabe dieser Behinderung eine Belohnung erzwingen kann. Und so wird ironischerweise ständig Geld verschoben: von denjenigen, die weniger Geld haben, als sie brauchen und sich Geld leihen müssen, zu denen, die mehr davon haben, als sie benötigen.“[183]

- *Das Zinsverbot*

Die Basis des islamischen Finanzwesens ist das Verbot von Zinseinnahme (*ribā*). Aus dem Koran und der Sunna geht eindeutig hervor, dass der Islam eine zinsfreie Wirtschaft fordert. So heißt es in der Sure *an-Nisā'* beispielsweise wie folgt:

> „Und weil sie Zins nehmen, obwohl er ihnen verboten ist; und weil sie das Vermögen der Menschen durch Betrug verzehren. […]“[184]

Nach islamischer Überzeugung soll damit verhindert werden, dass das Profitstreben eine Eigendynamik entwickeln kann. Die Geschäfte sollen durch reelle Werte gedeckt sein. Schließlich ist eine Wirtschaft in Krisenzeiten widerstandsfähig, wenn sie auf einer auf Realwerten aufbauende Wirtschaftsordnung ruht. Wie wirkt sich dieses Zinsverbot jedoch auf das Finanzwesen aus? Ein islamischer Finanzsektor benötigt außer zinsfrei agierenden Banken und Wertpapieren auch mit der Scharia vereinbare geldpolitische Instrumente und einen zinslosen Interbanken-Markt.[185]

Weiterhin stellt sich hier natürlich auch die Frage, ob eine solche Ökonomie, die ihr Finanzwesen religiösen Geboten unterwirft, heutzutage eine Chance im globalen Wettbewerb hat. Soviel sei vorweggenommen: Diese Wirtschaftsform existiert und sie wächst seit Jahrzehnten. Das *Islamic Banking*, das seine Geschäfte nach den Vorgaben der Scharia ausrichtet, hat inzwischen im Westen Fuß gefasst. Ebenso haben westliche Banken längst Fonds in ihr

---

[183] Kennedy, Margrit; zitiert nach www.margritkennedy.de/, zuletzt abgerufen am 17.12.2019.

[184] Koran 4:161.

[185] *Vgl.* Ende/Steinbach (Hg.), *Der Islam in der Gegenwart*, S. 176.

Programm aufgenommen, die mit der Scharia im Einklang sind. Dabei handelt es sich um einen boomenden Sektor mit zweistelligen Wachstumsraten. Inzwischen werden global ca. 800 Milliarden Dollar gemäß den islamischen Grundsätzen angelegt.

- *Ursprünge und Entwicklung des Islamic Banking*

Zunächst eine Vorbemerkung: Wie bereits erwähnt wurde, hat der Staat Regelungen für die Banken und Finanzmärkte zu treffen, da diese (wenn unreguliert) zu einem vollständigen wirtschaftlichen Zusammenbruch mit katastrophalen gesellschaftlichen Folgen führen können. Inwieweit die Gesellschaft dabei heutzutage ein Interesse an Privatbanken haben kann, bleibt nach den Erfahrungen der letzten Jahre ihrer Entscheidung überlassen. Es gibt islamische Staaten (wie Iran) mit nur kleinen Privatbanken und einer dominierenden Rolle der staatlichen Banken. Der Staat ist für die Einhaltung islamischer Normen jedenfalls zunächst verantwortlich und muss demnach sicherstellen, dass die Privatbanken ebenfalls dafür sorgen. Doch wenden wir uns nun dem *Islamic Banking* zu.

Mitte der 1960er Jahre fand in Ägypten unter Gamal Abdel Nasser ein erstes Experiment mit zinsfrei operierenden Sparkassen statt. Seit Mitte der 80er Jahre gibt es in Pakistan, im Iran und im Sudan Bestrebungen, einen rein islamischen Finanzsektor zu etablieren. Im Iran wurden die Banken nach der *Islamischen Revolution* 1979 verstaatlicht und 1983 wurde das *Gesetz über das zinslose Bankwesen* verkündet. Ebenso wird seit 1993 in Malaysia der Aufbau eines dualen Bankensystems gefördert. Die Finanzsysteme aller anderen mehrheitlich muslimisch geprägten Staaten blieben jedoch vom Zinssystem geprägt. In den 1990er Jahren folgte die Gründung zahlreicher kapitalstarker islamischer Banken in den Golfstaaten. Das Interesse an den islamischen Banken stieg auch im Westen stetig an, sodass immer mehr internationale Großbanken islamische Produkte in ihr Programm aufnahmen. Im Jahr 2004 entstand dann mit der *Islamic Bank of Britain* die erste islamische Bank in Europa.

Die Funktionsweise der zinsfreien Banktechniken der islamischen Banken können auf zwei Grundtypen zurückgeführt werden, nämlich auf das Erfolgsbeteiligungsprinzip (bzw. die Finanzierung durch Gewinn- und Verlustbeteiligung) und die Aufschlagsfinanzierung. Bei der Erfolgsbeteiligung erfolgt im Einlagengeschäft der Bank die anteilsmäßige Beteiligung des Kunden am Gewinn der Bank. Bei der Aufschlagsfinanzierung erwirbt die Bank beispielsweise zunächst ein

Objekt selbst und verkauft es dann dem Kunden mit einem Aufschlag.

Islamische Banken verfügen in der Regel über einen *šarīʿa*-Rat, in dem die Vereinbarkeit der von der Bank getätigten Geschäftspraktiken mit dem islamischen Recht geprüft wird. In Malaysia wird der *šarīʿa*-Rat sogar bei den Geschäften der Zentralbank hinzugezogen. Als Alternative zum Zins haben sich im islamischen Finanzwesen heutzutage verschiedene Arten von Finanzgeschäften herausgebildet. Die verbreitetsten Formen sind die *murābaḥah*, die *muḍārabah* und die *ṣukūk*[186] bzw. islamischen Bonds. Beim *murābaḥah* handelt es sich de facto um einen Geschäftsversorgungsvertrag zwischen der Bank und dem Kunden, wobei die Bank als Zwischenhändler fungiert. Die Bank verdient ihr Geld bei diesen Finanzgeschäften durch die dabei vereinbarten Aufschläge. Bei der *muḍārabah* handelt es sich praktisch um eine stille Beteiligung. Bei diesem Finanzgeschäft stellen Investoren Kapital zur Verfügung und werden nach vorher vereinbarten Prozentsätzen am Gewinn beteiligt. Die *ṣukūks*, Miteigentümeranteile an Scharia-konformen Anlagen, sind die derzeit bedeutendste Wertpapiertypen. Der *ṣukūk*-Anteil wird inzwischen mit weit mehr als 100 Milliarden Dollar angegeben.[187] Es gibt z.B. auch einen *ṣukūk* der Finanzverwaltung Sachsen-Anhalt, die Investoren aus der Golfregion an den Mieterträgen von Immobiliennutzungsrechten beteiligt. Dass die meisten Unternehmen in der islamischen Welt keine Aktiengesellschaften sind, liegt womöglich daran, dass es im islamischen Recht kein historisches Vorbild für Aktiengeschäfte gibt.[188] Staat und Unternehmen können ihren Finanzbedarf dennoch über Wertpapieremissionen decken. Es wurden, statt festverzinslicher Wertpapiere, Wertpapiertypen (Bonds) entwickelt, in denen Erträge von Vermögensobjekten, wie zum Beispiel Gewinne bei Immobilien Mieteinnahmen, verbrieft werden. Die Suche nach mit *šarīʿa*-konformen Wertpapieren geht weiter, die Entwicklung neuer Wertpapiertypen wird u.a. von der IIFM (*International Islamic Financial Market*) erforscht.[189] Im Islamischen Finanzwesen ist neben

---

[186] Eine Anleihe, bei der keine Zinsen auf das angelegte Kapital gezahlt werden.

[187] Schuster, Fabian: *„Perspektiven des Islamic Banking im Deutschen Bankwesen"*, in: Deutsches Institut für Bankwirtschaft. Schriftenreihe 10 (b), S. 23.

[188] *Vgl.* Ende/Steinbach (Hg.), *Der Islam in der Gegenwart*, S. 176.

[189] *Vgl.* Nienhaus, Volker: *„Islamische Ökonomik in der Praxis: Zinslose Finanzwirtschaft"*, in: Ende/Steinbach (Hsg.): *Der Islam in der Gegenwart*, S. 175 f.

dem Zinsverbot auch das Verbot der Spekulation (*ġarar*) und das Verbot von Glücksspielen (*maīsir* bzw. *qimar*) zu berücksichtigen. Im Unterschied zu *ribā* ist *ġarar* jedoch nicht genau definiert, weshalb ein Interpretations-Spielraum vorliegt. Diese Spekulationen bzw. extremes *ġarar*, wie es derzeit geschieht, d.h. *ġarar*, bei dem die Risiken und Unsicherheiten in einem Ausmaß vorhanden sind, dass man sich bereits in der Nähe von Wetten oder Glücksspiel wähnt, sind daher abzulehnen. Aus diesem Grund gelten hochspekulative, risikobehaftete Anlagen, Derivate, Daytrading oder Leerverkäufe als nicht mit dem Islam vereinbar. Bei diesen Investments ist es folglich auch verboten, in Alkohol, Tabak, die Rüstungsindustrie oder überhaupt in Geschäfte, in denen Menschen zu Schaden kommen können, zu investieren. Im *Islamic Banking* werden daher alle Finanzprodukte von sogenannten *Sharia Boards*, die als eine Art Ethikkommissionen fungieren, auf ihre Vereinbarkeit mit dem Islam hin geprüft und bewertet.

Schlussbetrachtung

Der Islam ist kein monolithischer Block, es gibt verschiedene Deutungen des heiligen Buchs der Muslime. Wir haben in diesem Buch eine Interpretation des Islams kennengelernt, die auch für viele Muslime neu sind dürfte, die allerdings so neu nicht ist. Man kann sie gut begründen und sie ist – wie hier aufgezeigt wurde – m.E. die plausibelste und zukunftsträchtigste Deutung. Der vom Propheten gegründete Staat in Medina weist bei näherer Betrachtung durchaus *moderne* Züge auf. Dies betrifft die Verfassung, die Gleichheit im Hinblick auf Rasse oder Stamm, die Rechtsautonomie, die Chancengleichheit, Toleranz und die soziale Gerechtigkeit. In diesem Zusammenhang ist es von größter Bedeutung den Unterschied zwischen kultureller Tradition und Religion deutlich zu machen.

Es wurde in diesem Buch auch deutlich, dass der Islam zu seiner Entstehungszeit als sehr fortschrittlich zu betrachten ist und über viel Potential verfügt. Es ist in erster Linie die Aufgabe der Muslime sich von allen falschen Traditionen - wie Frauenbeschneidung, Zwangsheirat, Ehrenmorde und vielem mehr - zu distanzieren. Die Entwicklung dieser falschen Traditionen ist vor allem an geschichtliche Entwicklungen geknüpft. Schließlich hat die Ermordung des vierten Kalifen Ali ibn Abi Talib zur Errichtung der Dynastien der Umayyaden und Abbasiden geführt. Die Folge war, dass der Islam im Verlauf der Jahrhunderte weitgehend - im Dienst der jeweils Herrschenden - zu einer Religion der Reichen und Mächtigen uminterpretiert und entstellt wurde.

Dieser Verfälschung des Islam stellt sich die u.a. auf Imam Ali beziehende islamische Befreiungstheologie entgegen, die auch ihre Anhänger in Deutschland hat. Demnach ist der Islam die Religion derer, die für Gerechtigkeit eintreten und gegen jede Unterdrückung kämpfen.

In diesem Buch wurde aufgezeigt, welche ökonomischen und sozialen Verhältnissen in Mekka beim Erscheinen des Islam herrschten. Wir haben gesehen, wie der Prophet für Gerechtigkeit sorgte und nach seinem Ableben die reichen Quraish zurück in Machtpositionen drängten. Das alles hat dazu beigetragen, dass erneut eine soziale Ungleichheit entstand. Als Ali Kalif wurde, versuchte er diese Fehlentwicklungen zu korrigieren. Doch die privilegierten Schichten waren nicht bereit, dies hinzunehmen

Um Missverständnisse zu vermeiden, muss aber darauf hingewiesen werden, dass sich die religiöse Botschaft des Islams an alle Menschen wendet – an Arme und Reiche. Gleichzeitig fordert der Koran allerdings dazu auf, für die Gerechtigkeit einzutreten. Es geht hier auch nicht darum, den Kommunismus in einem neuen Gewand wiederauferstehen zu lassen. Dem Islam als „Religion des mittleren Weges" ist jede Form des Extremismus fremd. Statt um kommunistische Gleichmacherei geht es im Islam um die Herstellung eines sozialen Ausgleichs. Das Privateigentum wird nicht angetastet, wenn auch andere Eigentumsformen an Bodenschätzen und Produktionsmittel bestehen können, um eine sozial gerechte Gesellschaft zu schaffen.

Diese Auffassungen des wahren Islams zur sozialen Gerechtigkeit erscheinen gerade auch angesichts einer sich weltweit immer weiter öffnenden Schere zwischen Arm und Reich hochaktuell. Die islamische Wirtschaftsethik ist nicht vereinbar mit einem ungezügelten Kapitalismus. Die islamische Wirtschaftsethik fordert einen sozialen Ausgleich zwischen Arm und Reich, was gerade in der heutigen Zeit angesichts einer immer größer werdenden Kluft zwischen Reich und Arm hochaktuell ist. Der westliche Kapitalismus erscheint nach dem Zusammenbruch des real existierenden Sozialismus alternativlos. Doch die Verwerfungen des heutigen Casinokapitalismus sind gewaltig. Inzwischen sind etwa 780 Billionen Dollar in Derivaten angelegt, die der US-amerikanische Großinvestor, Unternehmer und Mäzen Warren Buffet als *finanzielle Massenvernichtungswaffen*[190] bezeichnete. Die *Bank für Internationalen Zahlungsausgleich* beziffert das globale Volumen auf ca. 700 Billionen US-Dollar, andere Schätzungen gehen sogar noch höher - sie gehen von teilweise über 1.000 Billionen US-Dollar aus.[191] Ein realer Wert steckt jedoch nicht mehr dahinter, sodass ein Platzen der ungeheuren Blase nur eine Frage der Zeit scheint. Die islamische Wirtschaftsethik legt die Bescheidenheit im Lebenswandel und die Mäßigung eines irrationalen Gewinnstrebens nahe und könnte somit einen Beitrag zur Zügelung des irrationalen Finanzmarktes und einer neuen Weltwirtschaftsordnung leisten.

Wenn man sich die Parole *haīhāt-minnā-al-ḏillah* (Niemals

---

190 Buffet, Warren: zitiert nach *Zeit Online*, http://www.zeit.de/2013/12/Finanzmarkt-Regulierung-Derivate, zuletzt abgerufen am 17.10.2017.

191 Vgl. http://www.zeit.de/2013/12/Finanzmarkt-Regulierung-Derivate und http://www.gevestor.de/news/die-wahrheit-ueber-derivate-566467.html , zuletzt abgerufen am 17.10.2017.

Unterdrückung) des Prophetenenkels Ḥusain in Kerbala zu Eigen macht und im Sinne des Korans für soziale Gerechtigkeit eintritt, dann können die Muslime sogar an der Spitze des Fortschritts im globalen Kampf für eine bessere Welt stehen.

Literaturliste

- Abu-r-Rida, Muhammad Ibn Ahmad Ibn Rassoul: *Muhammad. Prophet der Barmherzigkeit*, Köln 2000
- Al-Kulainī: *Usūl al-Kāfī* 2010
- Andrae, Tor: *Muhammad. Sein Leben und sein Glaube*, Gauting 2002
- An-Nawawi: *Auszüge aus Riyadus Salihin. Die Gärten der Rechtschaffenen*, ins Deutsche übertragen von Jotiar Bamarni, Berlin 2009
- Arafat, Walid N.: *„New Light on the story of Banu Qurayza and the Jews of Medina"* **in:** Journal of the Royal Asiatic Society of Great Britain and Ireland, Cambridge 1976
- Aristoteles: *Über die Seele. De anima*, Hamburg 2017
- Armstrong, Karen: *Muhammad. Religionsstifter und Staatsmann*, München 1993
- Barakat, Ahmad: *„Muhammad and the Jews: A Re-Examination."* **in:** Journal of the American Academy of Religion 50
- Berger, Peter L.: *Sehnsucht nach Sinn. Glauben in einer Zeit der Leichtgläubigkeit,* 2. Aufl., Frankfurt/M. 1993
- Bey, Essad: *Muhammad*, München 1993
- Bily, Lothar: *Die Religion im Denken Max Webers,* St. Ottilien 1990
- Bobzin, Hartmut: *Muhammad*. 2., durchgesehene Aufl., München 2002
- Buhari: *Sahih Al-Buhari. Nachrichten von Taten und Aussprüchen des Propheten Muhammad*, Stuttgart 2002
- Damir-Geilsdorf: *Herrschaft und Gesellschaft. Der islamische Wegbereiter Sayyid Qutb und seine Rezeption*, Würzburg 2003
- Dastaghaib, Abdul-Husain: *Die beruhigte Seele*, Bremen 2012
- Dermenghem, Emile: *Muhammad in Selbstzeugnissen und Bilddokumenten*, Reinbek bei Hamburg 1960
- Ebertz, Michael: *Kirche im Gegenwind*, Freiburg 2001
- Ende, Werner / Steinbach, Udo (Hsg.): *Der Islam in der Gegenwart,* München 2005
- Ernst, Carl: *Mohammed folgen. Der Islam in der modernen Welt*, Göttingen 2007
- Fiedler, Markus: *Die Schia im Islam*, Nordhausen 2016
- Fukuyama, Francis: *Das Ende der Geschichte. Wo stehen wir?*,

München 1992

- Gibb, Sir Hamilton: *Muhammadanism*, 2. Aufl. 1955
- Habermas, Jürgen: *„Bestialität und Humanität. Ein Krieg an der Grenze zwischen Recht und Moral"*, in: Die Zeit, 54. Jahrgang, Nr. 18 vom 29.4.1996
- Habermas, Jürgen: *Der philosophische Diskurs der Moderne*, Berlin 1996
- Hafez, Farid: *Islamisch-politische Denker. Eine Einführung in die islamisch-politische Ideengeschichte*, Frankfurt/M. 2015
- Halm, Heinz: *Die Schia*, Darmstadt 1988
- Hamidullah, Muhammad*: Der Islam. Geschichte, Religion, Kultur,* Genf 1968
- Hübsch, Hadayatullah: *Prophezeiungen des Islam*, München 1993
- Huntington, Samuel: *Der Kampf der Kulturen,* Darmstadt 1996
- Huntington, Samuel: *„The Clash of Civilizations"*, **in:** *Foreign Affairs* Bd. 72/1993, H. 3
- Ibn Ishaq: *Das Leben des Propheten. Aus dem Arabischen von Gernot Rotter*, Kandern im Schwarzwald 1999
- Iqbal, Muhammad: *Die Wiederbelebung des religiösen Denkens im Islam*, Tübingen 2011
- Kermani, Navid: *Gott ist schön. Das ästhetische Erleben des Koran*, München 2000
- Khamenei, Ali al-Husayni: *Charta der Freiheit. Der Führer der Islamischen Revolution spricht zu Absolventen der Tarbiat Modarres Universität*, Delmenhorst 1999
- Khomeini, Ruhullah: *Dschihad un-Nafs*, Bremen 2007
- Khomeini, Ruhullah: *Geheimnisse des Gebets*, Bremen 2010
- Khomeini, Ruhullah: *Wilayat Faqih. Islamisches Government*, Teheran o. J.
- Khorchide, Mouhanad: *Scharia - der missverstandene Gott*, Freiburg im Breisgau 2013
- Khoury, Adel Theodor: *Der Koran*, Güterloh 1987
- Küng, Hans: *Der Islam. Geschichte, Gegenwart, Zukunft,* München 2006
- Lings, Martin: *Muhammad. Sein Leben nach den frühesten Quellen*, Kandern im Schwarzwald 2000
- Luther, Martin: *Von den Juden und ihren Lügen*, Aschaffenburg 2016
- Luxenberg, Christoph: *Die syro-aramäische Lesart des Koran. Ein Beitrag zur Entschlüsselung der Koransprache*, Berlin 2000
- Maududi, Sayyid Abu-l A'la: *First Principles of the Islamic State*,

Lahore 1997

- Maududi, Sayyid Abu-l A'la: *„Gottessouveränität statt Volkssouveränität"*, in: Der politische Auftrag des Islam. Programme und Kritik zwischen Fundamentalismus und Reformen, Originalstimmen aus der islamischen Welt, Wuppertal 1994
- Maududi, Sayyid Abu-l A'la: *Islamische Lebensweise*, München 1996
- Meier, Andreas: *Politische Strömungen im modernen Islam,* Bonn 1995
- Mufid, Scheich Al: *Kitab al Irschad*. Das Buch der Rechtleitung, Bremen 2006
- Müller, Sascha: *Die historisch-kritische Methode in den Geistes- und Kulturwissenschaften*, Würzburg 2010
- Nienhaus, Volker: *„Islamische Ökonomik in der Praxis: Zinslose Finanzwirtschaft"*, in: Ende, Werner / Steinbach, Udo (Hsg.): *Der Islam in der Gegenwart*, München 2005
- Nikki, Keddie: *An Islamic Response to Imperialism: Political and Religious Writings of Sayyid Jamal al-Din al-Afghani*, Berkeley-Kalifornien 1968
- Ohlig, Karl-Heinz (Hsg.): *Der frühe Islam*, Berlin 2007
- Ohlig, Karl-Heinz / Gerd-R. Puin: *Die dunklen Anfänge. Neue Forschungen zur Entstehung und frühen Geschichte des Islam*, 3. Aufl., Berlin 2005
- Peukert, Detlef: *Max Webers Diagnose der Moderne*, Göttingen 1989
- Ramadan, Said: *Das islamische Recht. Theorie und Praxis*, 2. Aufl., Marburg 1996
- Ramezani, Reza: *„Das Wesen der Schia Teil I*", in: Spektrum Iran 3/2014
- Rao, K.S. Ramakrishna: *„Mohammad, der Prophet"*, in: Mohammad. Prophet der Barmherzigkeit, Hamburg 2005
- Raddatz, Hans-Peter: *Von Gott zu Allah? Christentum und Islam in der liberalen Fortschrittsgesellschaft*, 3., überarbeitete Aufl., München 2005
- Raddatz, Hans-Peter: *Allah und die Juden. Die islamische Renaissance des Antisemitismus*, Berlin 2007
- Ratzinger, Joseph/Benedikt XVI.: Jesus von Nazareth, Freiburg im Breisgau 2007
- Razavi, Rad: *Molla Sadras Philosophie interkulturell gelesen*, Nordhausen 2007

- Rodinson, Maxime: *Muhammad*, Luzern und Frankfurt/M. 1975
- Rohe, Matthias: *Das islamische Recht. Eine Einführung*, München 2013
- Rotter, Gernot: *Allahs Plagiator. Die publizistischen Raubzüge des „Nahostexperten" Gerhard Konzelmann*, Heidelberg 1992
- Ruthven, Malise: *Seid Wächter der Erde! Die Gedankenwelt des Islam,* Frankfurt/M. & Berlin 1987
- Sadr, Sayyid Muhammad Baqir: *Unsere Wirtschaft – Iqtisaduna*, Bremen 2011
- Scharif Radhi, Muhammad: *Nahdsch ul-Balagha. Pfad der Eloquenz. Aussagen und Reden Imam Alis*, Band 1 und 2, Bremen 2009
- Said, Hassan: *Reden Imam Alis über Staat und Gesellschaft*, Hamburg o. J.
- Schreiner, Hans-Peter (Hg.): Der Imam. Islamische Staatsidee und revolutionäre Wirklichkeit, St. Michael 1982
- Schuster, Fabian: *„Perspektiven des Islamic Banking im Deutschen Bankwesen"*, in: Deutsches Institut für Bankwirtschaft. Schriftenreihe 10 (b), veröffentlicht auf: http://www.deutsches-institut-bankwirtschaft.de/wp-content/uploads/2013/12/Schuster-Islamic-Banking-in-Deutschland.pdf , zuletzt aufgerufen am 16.12.2019
- Schweizer, Gerhard: *Islam und Abendland*, Stuttgart 2003
- Spuler-Stegemann, Ursula: *Die 101 wichtigsten Fragen. Islam,* München 2014
- Tabatabai, Muhammed Hussain: *Das „ABC" des Islam*, Teheran 1996
- Tabatabai, Muhammed Hussain: *Die Schia im Islam*, Hamburg 1996
- Tenbruck, Friedrich: *Das Werk Max Webers*, Tübingen 2000
- Tibi, Bassam: *Der wahre Imam. Der Islam von Muhammad bis zur Gegenwart*, München 1996
- Tibi, Bassam: *Krieg der Zivilisationen*, Hamburg 1995
- Tibi, Bassam: *Fundamentalismus im Islam. Eine Gefahr für den Weltfrieden?* Darmstadt 2000
- Topbas, Osman Nuri: *Muhammad. Der Prophet der Barmherzigkeit. Szenen aus seinem Leben*, Istanbul 2006
- Tritton, Arthur Stanley: *Islam: Belief and Practices*, 2. Aufl., London 1954
- von Kremer, Alfred: *Geschichte der herrschenden Ideen des Islam*, Leipzig 1888

- Weber, Max: *Gesammelte Aufsätze zur Religionssoziologie,* Bd. I, 9. Aufl., Tübingen 1988
- Weber, Max: *„Wissenschaft als Beruf"*, **in:** Weber, *Gesammelte Aufsätze zur Wissenschaftslehre*, 7. Aufl., Tübingen 1988
- Weber, Max: *„Wissenschaft als Beruf"*, **in:** Weber, *Schriften zur Wissenschaftslehre*, hsg. und eingeleitet von Michael Sukale, Stuttgart 1991
- Yazdi, M.T. Mesbah: *Lektionen in der islamischen Überzeugung.* Band I., Hamburg 2003
- Yazdi, M.T. Mesbah: *Lektionen in der islamischen Überzeugung.* Band II., Hamburg 2003
- Yükcelen, Yüksel (Hsg.): *Was sagt der Koran dazu? Die Lehren und Gebote des Heiligen Buches*, München 1986
- Zirker, Hans: *„Der Koran in christlicher Perspektive"* **in:** Renz, Andreas / Leimgruber, Stephan (Hsg.): *Lernprozess Christen Muslime: gesellschaftliche Kontexte, theologische Grundlagen – Begegnungsfelder*, Münster 2002